Rouxinol do Rinaré

Biblioteca de cordel

Rouxinol do Rinaré

Introdução e seleção
Ribamar Lopes

hedra

São Paulo 2007

Direitos autorais Rouxinol do Rinaré, 2007
Direitos desta edição Hedra, 2007

Capa
Júlio Dui
sobre *xilogravuras de Marcos Freitas (capa e lombada)
e José Lourenço (orelhas e quarta-capa).*

Projeto gráfico e editoração
Hedra

Revisão
Hebe Ester Lucas

Direção da coleção
Joseph Maria Luyten

Dados Internacionais de Catalogação na Publicação (CIP)
(Câmara Brasileira do Livro, SP, Brasil)

Rinaré, Rouxinol do, 1966-
Rouxinol do Rinaré/ introdução e seleção Ribamar Lopes
— São Paulo: Hedra, 2007. — (Biblioteca de cordel)

Bibliografia.
ISBN 978-85-7715-054-0

1. Rinaré, Rouxinol do, 1966- 2. Literatura de cordel — Brasil 3. Literatura de cordel — Brasil — História e crítica I. Lopes, Ribamar. II. Título. III. Série.

01-2610   CDD-398.20981

Índices para catálogo sistemático:
1. Brasil: Cordelistas: Biografia e obra: Literatura folclórica 398.20981
2. Brasil: Literatura de cordel: História e crítica: Folclore 398.20981

[2007]
Direitos reservados em língua portuguesa
EDITORA HEDRA
rua fradique coutinho, 1139 - subsolo
05416-011 São Paulo - SP - Brasil
telefone/fax: (011) 3097 8304
editora@hedra.com.br
www.hedra.com.br

Foi feito o depósito legal.

Biblioteca de cordel

A literatura popular em verso passou por diversas fases de incompreensão e vicissitudes no passado. Ao contrário de outros países, como o México e a Argentina, onde esse tipo de produção literária é normalmente aceito e incluído nos estudos oficiais de literatura — por isso poemas como "La cucaracha" são cantados no mundo inteiro e o herói do cordel argentino, Martín Fierro, se tornou símbolo da nacionalidade platina —, as vertentes brasileiras passaram por um longo período de desconhecimento e desprezo, devido a problemas históricos locais, como a introdução tardia da imprensa no Brasil (o último país das Américas a dispor de uma imprensa), e a excessiva imitação de modelos estrangeiros pela intelectualidade.

Apesar da maciça bibliografia crítica e da vasta produção de folhetos (mais de trinta mil folhetos de dois mil autores classificados), a literatura de cordel — cujo início remonta ao fim do século XIX — continua ainda em boa parte desconhecida do grande público, principalmente por causa da distribuição efêmera dos folhetos. E é por isso que a Editora Hedra se propôs a selecionar cinqüenta estudiosos do Brasil e do exterior que, por sua vez, escolheram cinqüenta poetas populares de destaque e prepararam um estudo introdutório para cada um, seguido por uma antologia dos poemas mais representativos.

Embora a imensa maioria dos autores seja de origem nordestina, não serão esquecidos outros pólos produtores de poesia popular, como a região sul-riograndense e a antiga capitania de São Vicente, que hoje abrange o interior de São Paulo, Norte do Paraná, Mato Grosso, Mato Grosso do Sul, parte de Minas Gerais e Goiás. Em todos esses lugares há poetas populares que continuam a divulgar os valores de seu povo. E isso sem nos esquecermos do Novo Cordel, aquele feito pelos migrantes nordestinos que se radicaram nas grandes cidades como Rio de Janeiro e São Paulo. Tudo isso resultará em um vasto panorama que nos permitirá avaliar a grandeza da contribuição poética popular.

Acreditamos, assim, colaborar para tornar mais bem conhecidos, no Brasil e afora, alguns dos mais relevantes e autênticos representantes da cultura brasileira.

Dr. Joseph M. Luyten (1941-2006)

Doutor pela USP em Ciências da Comunicação, Joseph Luyten foi um dos principais pesquisadores e estudiosos da literatura de cordel na segunda metade do século XX. Lecionou em diversas universidades, dentre as quais a Universidade de São Paulo, a Universidade de Tsukuba (Japão) e a Universidade de Poitiers (França), onde participou da idealização do Centro Raymond Cantel de Literatura Popular Brasileira. Autor de diversos livros e dezenas de artigos sobre literatura de cordel, reuniu uma coleção de mais de 15 mil folhetos e catalogou cerca de 5 mil itens bibliográficos sobre literatura de cordel em âmbito mundial.

Joseph Luyten organizou a Coleção Biblioteca de cordel e coordenou-a entre os anos de 2000 e 2006, período em que publicamos nela 22 volumes. Os editores consignam aqui publicamente sua gratidão.

Sumário

Apresentação 9

A astúcia do jagunço Sabino, o pistoleiro que vingou
   sua própria vítima! 33
Patativa do Assaré deixa o Nordeste em luto 47
A história dos martírios de uma mãe iraquiana.
   Conflito, drama e tragédia 53
Violação, a trágica história de Renato e Maria! 71
Rodolfo Teófilo – varão benemérito da pátria
   (O fundador de Pajuçara) 93
O justiceiro do Norte 105

Folhetos de Rouxinol do Rinaré 139

Apresentação

Quem se der ao trabalho de examinar a bibliografia de folhetos dos famosos autores da literatura de cordel constatará, por certo, quão grande é a relação de títulos produzidos por esses autores, cada um deles com sua vida inteiramente dedicada à poesia popular. Poetas como Leandro Gomes de Barros, Rodolfo Coelho Cavalcante, Joaquim Batista de Sena e José Costa Leite — para citar apenas alguns dos mais fecundos —, podem, por sua vasta, conhecida e já consolidada obra, ser estudados e analisados sob os mais diversos aspectos, pois a visão de conjunto de sua produção literária propicia a exata avaliação de sua importância no contexto da literatura de folhetos.

Este trabalho trata da vida e da obra de um cordelista que ainda não nos deu uma farta bibliografia e que só se revelou através do folheto ao apagar das luzes do século recém-findo, mas que, pela força com que despontou, pela qualidade e pela importância de sua literatura, representada por ainda modesta relação de títulos — mas já bastante significativa para este momento do chamado "novo surto do cordel" —, merece registro, análise e considerações, porque representa um marco, uma retomada da boa poesia de folhetos em sua melhor expressão de forma e conteúdo.

Rouxinol do Rinaré, nascido Antonio Carlos da Silva, é esse poeta que, despontando justamente com esta nova e bem-sucedida fase da literatura de cordel, já conquistou amplo e respeitável espaço entre os de sua geração, merecendo, pela qualidade e pela seriedade de seu trabalho e, ainda, pela simultaneidade de regionalismo e universalidade expressos em sua temática, o reconhecimento como um dos grandes valores desta geração de cordelistas.

Introdução

Durante as últimas décadas em que o folheto popular, após conhecer a chamada época de ouro da literatura de cordel, experimentou um longo período de declínio até chegar a um estado de sobrevida, tornaram-se freqüentes os seminários, encontros e reuniões de pesquisadores e estudiosos preocupados em debater o que denominavam "a crise do cordel". Esses abnegados estudiosos lembravam juntas médicas debruçadas sobre um moribundo, um paciente em coma, em agonia lenta. E era assim mesmo que era visto o folheto popular, conforme chegou a ser declarado em alguns desses encontros, geralmente realizados em auditórios de universidades do Nordeste – um moribundo, um agonizante. O fato é que o folheto, que conhecera dias de glória, décadas de sucesso, entrara em decadência, ainda não refeito do impacto da modernidade desencadeada alguns anos depois da Segunda Guerra Mundial, modernidade cujos efeitos só se fizeram sentir no Nordeste do Brasil, de modo mais efetivo, quase duas décadas após o conflito. Essa modernidade trazia, entre outras, duas inovações tecnológicas que atingiram em cheio o folheto popular: o rádio transistorizado e a televisão, esta a última a chegar aos mais remotos rincões nordestinos, porém a de maior poder de fascínio e conseqüente influência nos hábitos das populações interioranas, logo rendidas à força e aos encantos da imagem no brilho da "telinha", a ponto de, em qualquer povoado ou lugarejo aonde chegasse a energia elétrica ou fosse possível instalar-se um gerador, achar-se entronizado um televisor. Logo tornaram-se comuns as antenas encimando telhados e, mais tarde, parabólicas sobre tetos de sapé em casas de taipa. O interior estava antenado com o mundo. O sertão, ligado na modernidade. Era natural e mais do que óbvio que esse choque da modernidade afetasse o sucesso do folheto popular. Sabiam disso, certamente, os preocupados estudiosos e pesquisadores. O que pareciam não querer entender é que o sucesso da literatura de cordel durante a chamada época de ouro foi um fenômeno que transformou uma manifestação cultural num meio de sobrevivência de poetas e editores. E quando, por força do efeito cascata do impacto causado pela maior difusão do rádio e da televisão e de outros itens da modernidade, começaram a diminuir e até cessar as atividades de gráficas editoras tradicionais, alguns poetas, mais vocacionados para a atividade comercial do que para a manifestação cultural, uniram-se em lamentações àqueles estudiosos e pesquisadores. Estava decretada a agonia, a morte por asfixia da literatura de cordel. Pelo menos na visão de alguns teóricos. Não se pode negar que o folheto esteve em desvantagem diante do rádio e da televisão. A propósito, convém citar um desabafo do fecundo poeta e xilógrafo José Costa Leite, um dos sustentáculos dessa manifestação (não deixou de produzir durante a "crise"), em entrevista concedida a Arievaldo Viana, em Juazeiro do Norte, no dia 17 de janeiro de 2000:

O povo só gosta do que a televisão diz que é bom. O nordestino tem uma mania horrível de gostar do que vem de fora. O cara pega um coco do próprio quintal, pega um quilo de açúcar da usina vizinha, faz um doce e sai gritando na rua: 'Olha o doce japonês! Olha o doce americano!...'

O rádio de pilha e a TV são os maiores responsáveis pela decadência do cordel, porque só mostram a cultura de fora [...].

Por outro lado, esse povo das universidades tá dando mais valor ao cordel, mas nem todos têm a sorte de um Patativa, de ter seu trabalho reconhecido em vida. Geralmente, a obra só é considerada importante depois que o cabra morre.

O curioso é que o mesmo José Costa Leite, paraibano radicado em Pernambuco, com mais de meio século de militância na literatura de cordel (escrevendo, ilustrando, editando e vendendo), respondendo, na mesma entrevista, à pergunta na qual lhe era indagado "quais os maiores cordelistas, no seu ponto de vista", dispara:

São todos do passado, já falecidos: Leandro Gomes de Barros, João Martins de Athayde, Manoel D'Almeida Filho, Delarme Monteiro, José Pacheco da Rocha e José Camelo de Melo Resende. (?!...)

Parece bastante significativo o fato de, justamente no período mais agudo da "crise" do cordel, ou, mais propriamente, no auge do desalento de alguns estudiosos e pesquisadores, de poetas e editores golpeados pelos efeitos da modernidade, terem sido criadas a Academia Brasileira de Cordel (Fortaleza, 1980), a Academia Brasileira de Literatura de Cordel (Rio de Janeiro, 1988) e o Centro Cultural dos Cordelistas do Ceará-CECORDEL (Fortaleza, 1990), além de outras associações de poetas populares do Nordeste.

É verdade que nenhuma daquelas novidades da comunicação e do entretenimento determinaria, por si só, a morte da literatura de cordel, manifestação já enraizada na cultura, na alma do povo. Mas é verdade também que roubaram, por um *longo momento*, boa parte do mercado de público aficcionado, afetando, obviamente, a fonte produtora, desestimulando editores e poetas veteranos, desencorajando vocações. Convém observar que menos afetado foi o ânimo de poetas nordestinos radicados no Sudeste (Rio de Janeiro/São Paulo), estes e seu público bem mais cedo familiarizados com a modernidade, devendo-se levar em conta também o fato de que naqueles estados o cordel sempre exerceu, acima de tudo, a função de manter vivo esse vínculo sentimental de poetas e leitores "exilados" com a terra natal.

Transcorreram décadas, durante as quais o folheto, graças à persistência de obstinados e iluminados, exercitou a sabedoria do caniço no campo, a sabedoria de curvar-se durante a tempestade para se reerguer viçoso após a tormenta. Foi só uma questão de tempo para aprender a conviver com a modernidade e dela tirar proveito, como o faz hoje esta nova geração de cordelistas, a geração do despertar do século XXI, na qual pontifica Rouxinol do Rinaré.

O homem

Antonio Carlos da Silva nasceu no dia 28 de setembro de 1966, no lugarejo denominado Rinaré, então pertencente a Quixadá, no sertão central do Ceará. Atualmente, em virtude da criação de novos municípios, o Rinaré integra o município de Banabuiú. Filho de um casal de camponeses cearenses (Francisco Geraldo da Silva e Maria Batista da Silva), tem legítima origem rural, como acontece com a maioria dos poetas populares nordestinos. É o sétimo de uma prole de onze irmãos. Constituindo família típica de pequenos agricultores, seus pais, que chegaram a perder terras de sua propriedade, por ocasião da construção do açude Arrojado Lisboa – o Banabuiú –, pois nunca foram indenizados pelo Estado, viram-se, algumas vezes, desde 1958, forçados a migrar para as terras férteis do Vale do Pindaré, no Maranhão, fugindo, como retirantes, de secas periódicas que assolavam o Ceará, mas sempre retornando à terra natal. Da segunda retirada já participou o menino Antonio Carlos, então com 4 anos de idade.

Afora as curtas temporadas de refúgio no Maranhão, Antonio Carlos viveu sua infância ali, no Rinaré, em contato com a terra árida do sertão, árida nos períodos de estiagem, generosa, porém, nos anos de boas chuvas. Cedo, ainda aos 8 anos, o menino é requisitado para as tarefas do campo – o trabalho na roça, a lida com os animais, o pastoreio de cabras... Nas farinhadas e nas debulhas de feijão, ouve as primeiras cantigas de violeiros, as primeiras histórias de Trancoso e a leitura e recitação de folhetos de cordel, manifestações essas que iriam despertar-lhe o pendor para a poesia.

Já residindo em Pajuçara, distrito de Maracanaú, área metropolitana de Fortaleza, casa-se, em 1990, com dona Maria da Assunção. Com ela tem duas filhas: Julie Ane e Jamile.

Sua última viagem ao Maranhão (1993) não foi motivada pela seca, mas por razões ideológicas, mais precisamente religiosas. Católico por tradição, vê-se, num dado momento de sua vida, na década de 1980, envolvido com os adventistas – os Adventistas do Sétimo Dia. É que seu pai, que não sabia ler, filiara-se àquele grupo de religiosos e com eles estudava a Bíblia e pedia ao filho para que lesse e lhe explicasse os textos sagrados, ajudando-o naquele aprendizado. Jovem, nos seus 18 anos, Antonio Carlos termina por se deixar influenciar por aquelas leituras orientadas, chegando mesmo a se entregar ao ministério daquela denominação:

Aquilo para mim era um mundo novo. E assim, através de um curso com um método de perguntas e respostas deduzidas (ou induzidas?) dos trechos bíblicos que vinham prontos, quando demos por elas a família quase toda se tornara adventista. Estive um período afastado da denominação. Após meu casamento, retornei, chegando a liderar um grupo de crentes durante alguns anos. Li a Bíblia toda mais de duas vezes. Em algumas ocasiões, num verdadeiro curso teológico. Quase cheguei ao fanatismo, a ponto de, baseado numa suposta profecia, sair do Ceará, com algumas famílias de crentes, para fundar, na região centro-oeste do Maranhão, uma comunidade alternativa.

Malogrado o sonho, cessado o misticismo, Antonio Carlos retorna ao Ceará e vai, com a família, para a cidade de Viçosa (Viçosa do Ceará), terra natal de sua esposa – um pequeno paraíso encravado na região serrana da Ibiapaba. Ali, deixa-se ficar por quatro anos, curtindo a natureza, fazendo reflexões, numa espécie de recomeço de vida (desfizera-se de sua casa residencial para fazer a viagem mística), ordenando as idéias, fazendo uma catarse, despindo-se de ranços ideológicos e das cadeias de dogmas e preconceitos religiosos, como que preparando-se para seu novo ministério – o ministério da poesia, ao qual viria a se dedicar de corpo e alma.

Para sobreviver em Viçosa do Ceará, Antonio Carlos teve de trabalhar duro na roça, por três anos, passando, no último ano de sua temporada naquele recanto paradisíaco, a exercer a atividade de fotógrafo. Após aqueles quatro anos de purgação, curtição e reflexões, volta a residir em Pajuçara, retomando as raízes que já lançara no chão metropolitano de Fortaleza / Maracanaú e no território mágico da poesia.

Em Pajuçara, passa a trabalhar na CEASA, com dois dos seus irmãos, na comercialização de frutas cítricas, das 3 às 9 horas da manhã, diariamente. A partir das 13 horas, já está na Praça do Ferreira, no centro de Fortaleza, dividindo espaço, na venda de folhetos (espaço cedido ao poeta e editor Klévisson Viana, com quem trabalha, pela Fundação de Cultura Esporte e Turismo de Fortaleza-FUNCET), com uma banca de informações turísticas. Homem moderno, Antonio Carlos, que já trabalhou na agricultura, na venda de livros religiosos, na tecelagem de malhas, e que já buscou a sobrevivência em outros diferentes ramos de atividade, ainda estuda para concluir o ciclo escolar do ensino médio, que não pôde completar em razão das tantas viagens para o Maranhão, do longo período de dedicação quase exclusiva às atividades religiosas e, agora, em virtude do exaustivo trabalho para manter a família e recuperar o tempo e os bens perdidos naquelas andanças e aventuras. É portador do que se poderia chamar de vasta cultura geral, de conhecimentos bem acima do seu grau de escolaridade, graças às muitas leituras e à busca do saber e informações, a que se dedica durante o pouco tempo de que dispõe. É um homem moderno, prático, objetivo. A palavra fluente, o discurso claro, é capaz de discorrer com equilíbrio e desenvoltura sobre os mais variados assuntos. Mesmo em seu posto de trabalho, na venda de folhetos, vestindo, literalmente, a camisa da literatura de cordel — uma camiseta de malha amarela com a estampa do Pavão Misterioso e a logomarca da Tupynanquim Editora —, é fácil distinguir-se nele o homem do poeta. Na verdade, atrás de seu pequeno balcão, lembra mais um vendedor lojista. E quando fala de poesia e dá informações sobre folhetos, não se expressa com o estereótipo do poeta deslumbrado, mas com a clareza e a objetividade de um catedrático. Mas não há conflito entre o homem e o poeta, entre Antonio Carlos e Rouxinol do Rinaré; há, sim, a manifestação de personalidades bem definidas e bastante fortes do homem e do poeta que nele se harmonizam. Como o burocrata e o poeta em Carlos Drummond de Andrade.

O poeta

Rouxinol do Rinaré nasceu em 1999, quando Antonio Carlos da Silva adotou esse pseudônimo. O poeta quis homenagear o lugarejo onde nasceu e, ao mesmo tempo, demonstrar sua simpatia e seu carinho pelo irrequieto pássaro madrugador, de canto simples mas alegre, festivo em sua saudação ao alvorecer, pássaro que para viver mais perto do homem e despertá-lo para a lida diária faz seu ninho nos beirais das casas, nos jardins e nos desvãos de paredes. É a nossa popular *garrincha*. Muito antes da adoção do cognome, a poesia já se lhe manifestara em forma de soneto, redondilhas e até em versos livres, mas sempre com o acento popular assimilado nas muitas leituras de folhetos, na audição de cantorias, enfim, nos retalhos e fragmentos do quanto foi vendo e ouvindo vida afora. Com um nível de escolaridade acima do necessário para se expressar em poesia de cordel e abaixo do desejado para praticar a poesia erudita, Rouxinol transita confortavelmente pelos territórios dessas duas formas de expressão literária, conhecendo-lhes os limites e as normas e havendo-se com desenvoltura em cada uma delas. Declara, entretanto, seu maior pendor e sua preferência pela literatura de cordel:

A poesia convencional (ou de norma culta), andei, como diria um amigo meu, cometendo algumas vezes, principalmente na adolescência. Não me considero um poeta desse estilo. Descobri que minha veia poética é mesmo a da poesia de cordel. Hoje dedico-me inteiramente aos romances.

Apesar dessa declaração bem determinada, não há como negar-lhe o desembaraço no manejo do verso de norma culta (embora com flagrante acento popular), que ele revela no soneto *Eterna busca*, em cujos tercetos faz estas reflexões:

Aprendi a fazer ouro nesta lida.
Descobri o elixir da longa vida:
Sou um poeta em eterna mocidade.

Mas que me vale tanta descoberta,
Se desconheço ainda a fórmula certa,
O segredo da tal felicidade?...

Da vida ele fala em duas redondilhas, demonstrando intimidade com a trova:

A vida é prazer e dor
Em uma mistura igual:
Flor, espinho, ódio, amor,
Riso e pranto, bem e mal.

Vi um parto e, refletindo:
...Fosse a vida só prazer,
se nasceria sorrindo,
não se chorava ao nascer!!!

Da *1ª Antologia Sopoema*, editada pela Sociedade dos Poetas e Escritores de Maracanaú, da qual extraímos estes exemplos, ele participa com cinco poemas, dois dos quais puro texto de cordel. E, fiel à sua condição de cordelista, faz, na segunda capa da coletânea, uma apresentação típica das estrofes primeiras do folheto popular, sintetizada nesta preciosa setilha:

Corre da fonte das musas
Um rio de poesia.
Desta água nossos poetas
Beberam sabedoria.
E a Sopoema, com amor,
Entrega ao nobre leitor
A primeira antologia!!!

Bem posicionado nos meios eruditos, o poeta, que é membro da Sopoema, da qual foi vice-presidente, tendo exercido, interinamente, a Presidência pelo período de seis meses, é também diretor tesoureiro da Comissão Maracanauense de Folclore, diretor presidente da Sociedade dos Amigos de Rodolfo Teófilo e membro da Academia Brasileira de Cordel.

Na verdade, é à poesia de cordel que Rouxinol do Rinaré tem dedicado o melhor de seu talento, talento que ele parece ter guardado com alguma avareza para revelar somente a partir de 1999, já ao apagar das luzes do século XX, pois foi naquele ano que teve publicado seu primeiro folheto, pela Tupynanquim Editora, do poeta Klévisson Viana. Revelado e apresentado ao editor pelo também poeta Costa Senna, Rouxinol já tivera algumas de suas narrativas de cordel apreciadas e aplaudidas pelo pesquisador Barros Alves, então presidente da Sopoema. Publicado o primeiro folheto, Klévisson fez de Rouxinol presença constante na relação de autores divulgados pela editora, adotando-o também como parceiro na venda de folhetos e na produção de alguns textos, de narrativas poéticas.

Trata-se de um poeta perfeitamente identificado com o seu tempo, com a época e o meio em que vive. É um poeta em harmonia com a vida, com a dura vida que leva desde a infância. Dá a impressão de ter observado atentamente cada lance, cada episódio de tudo quanto viveu e presenciou, tirando ensinamentos de cada coisa, aprendendo, para, finalmente, apresentar-se como poeta de discurso claro, limpo, firme, objetivo, poeta seguro, sereno, sem mágoas diante da vida, consciente de seu trabalho e de sua poesia. Sério, mas feliz. Resignado, sem, no entanto, ser conformado. Convive muito à vontade com a modernidade. Poeta urbano (embora de origem rural), pois reside há mais de vinte anos na região metropolitana de Fortaleza, seu trabalho reflete a lucidez de quem tem consciência da função social que desempenha. Sabe lidar com os ingredientes do sonho e da utopia sem resvalar para a alienação poética dos místicos. É um dos mais puros de sua geração – a geração de 1990, ou, mais precisamente, a safra de cordelistas capacitada para esta nova fase, para o chamado "novo surto do cordel". Além das vivências da infância no Rinaré, das idas e vindas, das retiradas para o Maranhão e das muitas leituras, fundamentam sua vocação e seu talento o convívio com cantadores e repentistas. Teve um irmão cantador – um misto de boêmio, artesão, jornalista, sonetista e...repentista. É com emoção que fala dele:

Meu irmão cantador chamava-se Severino Batista da Silva. Era o mais velho dos onze. Um boêmio. Na década de setenta, quando morávamos no Maranhão, nossa casa vivia sempre cheia de cantadores.

Além do irmão cantador, já falecido, Rouxinol do Rinaré tem outros três irmãos poetas: Godofredo Solon Batista da Silva, Evaristo Geraldo da Silva e Armando Geraldo da Silva. Evaristo é também cordelista e membro da Sopoema, de cuja 1ª Antologia participa, e já tem alguns folhetos publicados. Julie Ane, filha de Rouxinol, de 11 anos, já teve dois folhetos publicados pela Tupynanquim.

Para quem começou a publicar somente em 1999, Rouxinol do Rinaré já é autor de considerável obra em folhetos. Sua importância no panorama da literatura de cordel atual atesta-se mais pela excelente qualidade dos seus textos, pela variedade de temas, tratados sempre com a clareza e o equilíbrio que caracterizam seu estilo, por seu compromisso com o social e o histórico e por seu engajamento no programa que pretende levar o cordel às escolas para que seja entendido como forma de expressão do pensamento das camadas populares e utilizado como meio de divulgação de idéias, como instrumento de apoio a projetos e campanhas de interesse comunitário. Seu engajamento social e a boa qualidade de sua obra poética já lhe conferem a condição de um dos mais expressivos expoentes de sua geração. É curioso observar que numa época que se caracteriza pela pressa, pela alta velocidade da comunicação, no momento em que a tecnologia de definição digital torna obsoletos sistemas analógicos, em que as respostas e soluções têm de ser as mais precisas, rápidas e eficazes em sua concisão, ele consiga prender a atenção, interessando o leitor com seus "romances" de 32 páginas, forma que a literatura de cordel, em sua luta pela sobrevivência, de certo modo já abandonara, na tentativa de tornar-se ágil. Cuidadoso com a correção da linguagem (na conformidade do seu nível de escolaridade) e com a limpidez do discurso poético, o esmero com que trata o verso não lhe prejudica a espontaneidade da construção narrativa. Tanto que, tendo condições de desempenhar-se através de bons trabalhos eruditos, opta pelo popular, para cuja forma de expressão é vocacionado. Sua temática é variada e, com freqüência, sua poesia é tribuna para discursos de cunho social e de resgate da memória de figuras históricas. Presentemente, acha-se empenhado, com um grupo de intelectuais de Maracanaú, em resgatar do esquecimento o nome e a obra do farmacêutico, escritor e abolicionista, Rodolfo Teófilo, como atestam estas estrofes do folheto de sua autoria, *Rodolfo Teófilo, varão benemérito da pátria*:

> Rodolfo foi o inverso
> De muitos homens da história
> Benfeitor da humanidade
> Não buscava a própria glória
> O povo por quem sofreu
> Até hoje não ergueu
> Um marco em sua memória.

> Faz quase um século e meio
> Que nasceu esse varão
> Rodolfo Marcos Teófilo
> De quem se diz com razão
> Que foi figura excelente
> Baiano por acidente
> Cearense de coração.

Antenado com a modernidade do seu tempo, vive essa modernidade também na poesia, expressando-a em seus folhetos sem prejuízo da originalidade e da fidelidade às raízes, revelando a consciência de que a poesia de cordel é criatividade, talento e técnica, tudo isso fundamentado na mais autêntica identificação com o povo. E entende também que o folheto, veículo dessa forma de expressão, precisa, para sobreviver, adequar-se aos meios e à forma de produção de sua época. Um dos aspectos mais interessantes de sua obra é que suas narrativas sugerem a retomada do estilo de autores clássicos do gênero, sem, no entanto, deixar transparecer influência de qualquer deles.

Fluentes e espontâneos, seus versos subordinam-se à mais apurada técnica de construção de estrofes. Poder-se-ia afirmar que os bem elaborados textos de cordel, praticamente desaparecidos ao longo do período de crise do folheto, ressurgem, agora, do talento criativo de Rouxinol do Rinaré, esse jovem poeta que, consciente da verdadeira natureza da literatura de cordel, consolidada ao longo de tantas décadas de ocorrência, em sua forma e conteúdo, através do folheto popular, entende que essa forma de manifestação não comporta inovações, quer na linguagem, quer na feição do folheto, entendendo também, em seu conhecimento sobre o assunto, que tentativas de inovações só descaracterizariam o que já se acha consagrado na memória do povo. Na verdade, pretender-se fazer inovações que violentem a natureza da literatura de cordel é o mesmo que querer introduzir números de rock-'n'-roll numa apresentação de pastoril ou reisado. Quanto a mudanças, no sentido de evolução, estas poderão ocorrer (que nada é imutável), mas calma, lenta e gradualmente, sem traumas, sem choques, certamente não por movimentos dirigidos nesse propósito, mas pela dinâmica natural das coisas, através de sua manifestação espontânea.

Desde 1999, quando teve seu primeiro folheto publicado, Rouxinol tem desenvolvido uma intensa atividade, não só escrevendo como divulgando seu trabalho, intercambiando informações, idéias e material com poetas do Ceará e de outros Estados e, principalmente, participando de concursos locais e de âmbito nacional, como o VII Concurso Nacional de Poesia Menotti Del Picchia, no qual obteve menção honrosa, em 2000, o 1º Concurso Paulista de Literatura de Cordel, promovido pela Companhia Paulista de Trens

Metropolitanos e Metrô de São Paulo, no qual foi classificado em 1º lugar, em 2002, e o II Concurso Paulista de Literatura de Cordel, realizado em 2003, no qual obteve 2º lugar. Na era da globalização, da informática, da comunicação de alta velocidade, não é de estranhar que nestes poucos anos de atuação e divulgação de seu trabalho, Rouxinol já tenha sido citado tantas vezes, e com destaque, na imprensa nacional e até na Europa (revistas *Latitudes* e *Quadrant*, de Paris). Sua atuação na realização de palestras e seminários em universidades e colégios de Fortaleza e região metropolitana visa, principalmente, à implantação da literatura de cordel nas escolas como ferramenta paradidática.

Antes de ter publicado seu primeiro folheto, Rouxinol do Rinaré (até então assinando Antonio Carlos da Silva) já se engajara na atividade literária, compondo sonetos, poemas, e participando de projetos e programas culturais da comunidade de Maracanaú, atividade interrompida somente durante o período de sua fase de misticismo, quando se achava envolvido com o grupo de adventistas. Ele mesmo declara:

Durante o período em que estive envolvido com os adventistas, nunca produzi nada na área cultural. Nada de trabalho literário. Acho até que seus conceitos e preconceitos castram, de certa forma, a nossa cultura.

A propósito, o poeta e xilógrafo José Costa Leite já declarara, em entrevista a Arievaldo Viana, em janeiro de 2000:

...Outro problema são essas seitas. O cara que tem uma coleção de folhetos, na hora que vira crente pega tudo e toca fogo. Não sei por quê, mas crente não gosta de cultura.

O próprio Rouxinol, nos versos primeiros do soneto *Eterna busca*, publicado na *1ª Antologia Sopoema*, faz esta confissão, como que pretendendo justificar o fato de nada ter produzido no campo da produção literária durante o tempo em que esteve envolvido com aquela igreja evangélica: "Em meu longo exílio espiritual / Senti-me vazio [...]". E expressa seu desapontamento em relação a determinadas posturas de algumas denominações religiosas que, no seu entender, exploram a fé como produto que tem seu preço no mercado. Incisivo, verbera, numa espécie de libelo, em décimas publicadas na mesma Antologia, glosando o mote *No mercado da fé Jesus não passa / de um produto vendido à prestação*:

Desde o tempo de Judas traidor
Junto à fé há cobiça por dinheiro
Hoje um povo que infesta o mundo inteiro
Faz comércio das bênçãos do Senhor
Todo grupo nojento, explorador
Usa a máscara da sã religião
Sanguessuga da fé do bom cristão
Negro lobo em cordeiro se disfarça
No mercado da fé, Jesus não passa
De um produto vendido à prestação!

Grande exemplo do Novo Testamento
Do período da igreja primitiva
Quando a fé era pura, santa e viva
Mesmo imposto o mais duro sofrimento
Não trocavam por ouro o sacramento
E nem vendiam o dom da salvação

Reprovaram o mágico Simão
Hoje mais nada a igreja faz de graça
No mercado da fé Jesus não passa
De um produto vendido à prestação!

Ainda a respeito do conflito entre religião evangélica e poesia de cordel, parece oportuno citar o caso do poeta alagoano José Martins dos Santos, narrado pela escritora Arriete Vilela Costa em seu livro *O poeta popular José Martins dos Santos*, publicado em Maceió em 1986:

No dia 04 de fevereiro de 1985, José Martins dos Santos converteu-se ao protestantismo, fato que, se por um lado significou a "salvação" da sua alma, por outro lado foi uma perda irrecuperável dentro da literatura popular alagoana, que ficou privada de um de seus melhores poetas. [...]

Todavia, como necessitava ganhar dinheiro para sustentar a família, José Martins ainda continuou a vender os folhetos nas feiras, mas a contragosto, achando-se um pecador por propagar "ensinos profanos" que o arrastavam para o abismo, distanciando-o de Deus. Nas suas orações, ele pedia, perseverantemente, um emprego. [...]

...Mas todo dia ele falava assim: "Jesus, agora eu sou crente, como é que posso continuar vendendo essas mentiras? Se for do seu agrado, faça com que eu arrume o pão de cada dia..."

Ainda bem que no caso do nosso poeta – o Rouxinol do Rinaré –, a fase mística (e de recesso poético) foi só um fato acidental em sua vida, durou poucos anos, após os quais volta ele, "pecador renitente", a cair em tentação poética, entregando-se à vida de "pecados" como poeta popular. Certamente será redimido dessa grande "culpa" pela excelente contribuição que vem dando à literatura de cordel.

Parceiros

Esta nova geração de cordelistas, a geração de 1990, ou, mais precisamente, a geração do despertar do século XXI, responsável pela revitalização da literatura de cordel, sem inovações, mas com a retomada dos padrões de qualidade, em forma e conteúdo, do folheto popular; esta geração à qual pertence com destaque o poeta Rouxinol do Rinaré, vem adotando a prática da parceria, da elaboração da narrativa "a quatro mãos", como forma de motivação e engajamento de novos valores – e de veteranos que se achavam desmotivados – nesta arrancada, neste novo e já vitorioso momento do folheto. Na verdade, a parceria é prática de ocorrência natural e secular no outro segmento da literatura popular em verso – a cantoria. Consciente dos bons resultados desse procedimento também entre os *poetas de bancada*, Rouxinol tem escrito folhetos em parceria com novos valores desta geração, conforme demonstra esta pequena relação de títulos e parceiros: *A história completa de Lampião e Maria Bonita* (com Klévisson Viana); *Antonio Conselheiro e a Guerra de Canudos* (com Queiroz de França); *Rodolfo Teófilo, varão benemérito da pátria* (com Serra Azul); *O grande encontro de Camões com Salomão* (com Serra Azul); *Os sertões de Conselheiro, de Euclides a Gereba* (com Klévisson Viana) e *A grande peleja virtual de Klévisson Viana e Rouxinol do Rinaré* (com Klévisson Viana). Este último título, *A grande peleja virtual...*, constitui fato inusitado na literatura de cordel, além de demonstração eloqüente de que esta tradicional e popular forma de expressão literária pode não só conviver com a modernidade tecnológica como também servir-se dela. A peleja, conforme observação na capa do folheto, à guisa de subtítulo, foi totalmente realizada via Internet, cada repentista chegando, à noite, do trabalho, sentando-se diante do computador, abrindo seu e-mail, lendo a estrofe do seu parceiro e mandando, de volta, a sua resposta. No breve comentário que escreveu sobre a inusitada peleja, o jornalista Max Krichanã assim encerra sua apreciação:

[...] A grande peleja virtual de Klévisson Viana e Rouxinol do Rinaré realmente aconteceu, pela Internet, nos meses de janeiro e fevereiro de 2003 da Era Cristã.
Dessa forma, os poetas promoveram um oportuno e genuíno casamento da tradição com a modernidade, mantendo-se, porém, fiéis às regras da mais autêntica cantoria, bem como aos exigentes ditames da poesia cordeliana.

As estrofes primeiras do folheto identificam, de saída, para o leitor, a forma incomum da peleja, que poderá vir a se tornar prática freqüente neste modo de parceria entre poetas de bancada:

Klévisson
– Eu gosto da cantoria
Estilo pé-de-parede
Mas como sou curioso
E do saber tenho sede
Vai e-mail e vem e-mail
Sem viola e sem ponteio
Vamos pelejar na rede.

Rouxinol
– Cantando em pé-de-parede
Tive um irmão repentista
Sou filho do Rinaré
Sou Rouxinol cordelista
Em peleja virtual
Vou provar que sou o tal
Fazer mais essa conquista.

Rouxinol
Um amigo cartunista
E poeta popular –
Antonio Klévisson Viana –
Ousou me desafiar...
Navego na Internet
Pra lhe bater de bofete
E ensiná-lo a pelejar!

Peleja, biografia, aventura, valentia, romance de amor e sofrimento, adaptação de obras literárias, temas tradicionais e atuais compõem a eclética temática das narrativas de Rouxinol do Rinaré, jovem poeta que, na vanguarda desta nova fase da literatura de cordel, cumpre, por vezes, numa espécie de religiosa fidelidade aos clássicos do gênero, o cerimonial das estrofes introdutórias, como na abertura do folheto *Violação – a trágica história de Renato e Maria:*

O homem na vida sonha,
Faz planos, mas, na verdade,
O desfecho do destino
Só pertence à Divindade.

Sem ao menos pressentir
Qualquer um pode cair
Na cruel fatalidade!

A musa que me inspirou
Me traçou metas e planos
Para eu falar de amor,
Sofrimento e desenganos,
Da crua realidade,
Da vil bestialidade
De alguns seres humanos!

Esta história nos revela
A ante-sala do inferno.
Li de Rodolpho Theophilo
Depois transpus ao caderno,
Adaptando em meus versos,
Quero mostrar que os perversos
Marcham pro castigo eterno.

Conclusão

Com poucos anos transcorridos desde a publicação de seu primeiro folheto, mas com muitos anos de estrada, de vivência poética e de atividades culturais, Rouxinol do Rinaré, este jovem poeta de 38 anos, já fez bem mais do que compor e publicar narrativas em versos. Sua presença no contexto da literatura de cordel atual é marcante, quer pela natureza e pela seriedade de seu trabalho, quer por sua atuação junto aos meios eruditos, difundindo o cordel com o objetivo determinado de torná-lo reconhecido e entendido como forma de expressão cultural e com o propósito maior de vê-lo adotado nas escolas como instrumento complementar de ensino, como ferramenta paradidática direcionada para melhor compreensão de aspectos de nossa cultura popular nele expressos. Sua ainda modesta (em número) obra poética até então divulgada é bastante expressiva (em gênero e grau) para situá-lo confortavelmente entre os bons veteranos e colocá-lo em destaque entre os de sua geração, que, como ele, e conforme sua proclamação, bebem do veio da sublime fonte das musas, quando diz:

> Corre da fonte das musas
> Um rio de poesia
> Desta água nossos poetas
> Beberam sabedoria.
> ....

e acrescenta:

> E assim por todo lugar
> Canta o vate popular
> Sua eterna melodia.

**A astúcia do jagunço Sabino,
o pistoleiro que vingou sua própria vítima!**

(Baseado num conto de Ribamar Lopes)

Esta história é situada
No Nordeste brasileiro,
Quando existia o jagunço,
O mais frio pistoleiro,
Homem cruel, sanguinário,
Que matava por dinheiro.

Eu li, de Ribamar Lopes
(Entre escritos inspirados),
Seu grande conto 'Tocaia'
Dos "Quinze Casos Contados".
Baseados nesse enredo,
Meus versos foram traçados...

Descortinando um cenário
Bem comum, lá dos sertões,
Se avista um longo caminho
Com curvas e estirões,
Passando por xiquexiques
Serrotes e chapadões.

Após uma dessas curvas,
Uma pedra faz trincheira
Pra Sabino, um má conduta,
Pistoleiro de carreira,
Que tocaia sua vítima
Com mira firme e certeira.

Era o futuro defunto
O coronel Zé Norato.
Com um de seus desafetos
Sabino fizera um trato.
Recebeu grande quantia,
Pois não matava barato.

Para o dito coronel
Sabino já trabalhara.
Por anos foi seu jagunço
E muita gente matara.
Porém quem cospe pra cima,
É certo, lhe cai na cara!

Por conhecer bem os hábitos
Do coronel fazendeiro,
Na tocaia madrugou
O astuto pistoleiro,
Calmo, em silêncio, na espera,
Tal qual um passarinheiro.

Zé Norato, em sua mula,
Passava ali todo dia.
Cedinho, a passo-picado,
A mula o conduzia
À hora e local exatos,
Sabino assim avalia.

Pensa o frio pistoleiro:
'Peste! Preciso odiá-lo,
Porque não tenho aparente
Motivo para matá-lo,
Mas tenho um código de honra:
Fiz um trato, irei honrá-lo'.

Lembra o tempo de jagunço,
Quando ao coronel serviu.
Este lhe gritando ordens,
Como num filme ele viu.
Cuspiu com ar de escárnio
Pela raiva que sentiu.

E continua na espreita
Sem um remorso sequer.
Matar pra ele é normal
Como um trabalho qualquer.
E tendo um alvo na mira
Acerta onde bem quiser.

Sabino, de vista atenta,
Olha o estirão da estrada,
Aguardando sua vítima
Com a arma engatilhada,
Vendo as sombras dissiparem-se
No findar da madrugada.

Clareia a barra, expulsando
Logo a madrugada escura.
Do bornal Sabino tira
Um naco de carne dura,
Que mastiga lentamente
Enquanto a arma segura.

No estirão do caminho,
Que na curva sofre um corte,
Surge o coronel montado,
Seguro, rindo da sorte,
Sem saber que passo a passo
Vai caminhando pra morte!

Deixo o coronel seguindo
Pro destino inesperado
E o pistoleiro atento
Com o gatilho preparado...
Fica em suspense esta cena.
Vamos tratar do passado.

Depois do Rio do Sangue,
Próximo ao Serrote do Mato,
Situava-se a fazenda
Do coronel Zé Norato,
O qual por qualquer motivo
Chegava às vias de fato.

Grande latifundiário,
Muito capanga e dinheiro,
Sentia-se como sendo
Dono do sertão inteiro.
Eis aqui só um perfil
Desse grande fazendeiro.

Nas extremas da fazenda
Do coronel Zé Norato
Residia um cidadão,
Almeida, honesto e pacato.
Mesmo sendo humilde, não
Tolerava desacato...

Almeida era respeitável,
Um doutor de formatura.
Comparando-o ao coronel
Tinha pequena estrutura:
– Pouco gado, algum dinheiro,
Vivendo de agricultura.

Quanto mais se tem, mais quer...
(Eis o vício da ambição).
Zé Norato disputava
Até um palmo de chão.
Por causa disso, com Almeida
Tinha uma antiga questão.

Queria comprar-lhe as terras
Pra plantar pasto pro gado.
Como o doutor não vendia,
Tornou-se seu intrigado.
E Almeida, por Zé Norato,
Se sentia ameaçado.

Pra intimidar o doutor,
Zé Norato um plano traça:
Mudando um lance de cerca
(Querendo fazer pirraça),
Nas extremas com Almeida
Avança mais de uma braça.

Quando Almeida o procurou
Pra tomar satisfação,
Disse o coronel: – Comigo
Você não ganha questão.
Meu nome e minha palavra
São leis desta região.

Para provar o que disse,
Zé Norato então gritou.
Um jagunço apareceu,
O coronel lhe ordenou
Expulsar dali Almeida.
E o cabra o escorraçou!

Daí por diante os dois homens
Tornam-se fortes rivais,
Fazendo guerra um ao outro,
Mesmo por coisas banais,
Destruindo plantações
E maltratando animais.

Não teve tranqüilidade
Almeida dali pra frente.
Mais e mais crescia a rixa.
Ameaçadoramente,
Norato jura-o de morte
Num bate-boca recente!

Feito uma fera acuada,
Sentindo-se coagido,
Almeida se antecipou:
Como era precavido,
Pra matar o coronel
Fez um plano decidido…

Juntou toda economia
Do seu trabalho suado,
Botou nas mãos de Sabino
O pistoleiro afamado.
Pra eliminar Zé Norato,
Tudo ficou combinado.

Vamos retornar à cena
Com Sabino entrincheirado,
Vendo o coronel tranqüilo
Aproximar-se montado,
Indo ao encontro da morte,
Ancho e despreocupado.

Sabino tendo-o na mira.
Pensa: 'Não há empecilho...
Velho gorducho, asqueroso,
Vais morrer feito um novilho.
Tua vida me pertence.
É só puxar o gatilho!'

'Se eu quisesse, poderia
Te poupar, velho cretino.
Deixando-te passar, vives
(Assim pensava Sabino).
Mas se eu atirar tu morres.
Sou dono do teu destino'...

Lembrando o doutor Almeida,
Pensou: 'Não serei omisso'.
Sente o dinheiro no bolso,
Recorda seu compromisso.
É só puxar o gatilho
Pra completar o serviço!

'Sempre honrei minha palavra!'
Pensa, enfim, o pistoleiro.
Puxa o gatilho, e o tiro
É fulminante, certeiro.
Da mula despenca, morto,
O coronel fazendeiro.

Pois bem no centro da testa
Foi Zé Norato atingido.
Sabino então se aproxima
Nem um pouco constrangido.
Constata o serviço feito
Conforme foi prometido.

Sacando um curto punhal,
Como é sempre habituado,
Na coronha do seu rifle
É mais um risco marcado
Pra lembrar da quantidade
Dos homens que tem matado!

Sabino, olhando o defunto,
Achando tudo normal,
Um taco de rapadura
Tira então do seu bornal.
Come e depois vira as costas,
Vai repousar afinal.

Vai pra casa refazer-se
Daquele sono perdido,
Dormir 'o sono dos justos'
No repouso merecido,
Depois de mais um trabalho,
De mais um trato cumprido.

Só muitas horas depois
Foi Zé Norato encontrado.
Seu corpo frio, sem vida,
Pra fazenda foi levado.
Entre revolta e pesar,
O coronel foi velado.

Do alpendre da casa grande
Até a sala de estar
Estava cheio de gente,
Chegando mais, sem parar,
Pois a notícia da morte
Correu por todo lugar.

Os presentes, exaltados,
Comentam na maior zorra:
"Coronel, homem tão bom,
Morrer sem ter quem socorra!…"
(Pra se cumprir o ditado:
Quer ser bom? Mude-se ou morra.)

À noite, o próprio Sabino
(Pra ninguém desconfiar)
Compareceu ao velório,
Fingindo grande pesar.
E ofereceu-se à viúva
Para o ex-patrão vingar.

Sabino, certo de que
Gozava de confiança,
Disse assim para a viúva:
— Pra que se faça a vingança
Basta apenas que me diga
De quem tem desconfiança.

Respondeu ela: — O Norato
Tinha questão com o vizinho.
Acho que o doutor Almeida,
Aquele cabra mesquinho,
Foi quem matou, de tocaia,
Meu esposo no caminho.

E prosseguiu a viúva:
— Pra isso só tem um jeito
Mate o cabra, eu pago bem.
Sabino disse: Eu aceito.
Reforça a mulher: — Porém,
Faça o trabalho bem feito!

Disse Sabino à viúva:
— Não tenha preocupação.
Me encomendando um defunto,
Pode comprar o caixão.
Tenho a mira mais certeira
De toda esta região.

O jagunço espertalhão
Saiu dali sorrateiro
Para mais um 'servicinho'
No ofício de pistoleiro.
Pois se sentia feliz
Em dar trabalho ao coveiro!

No velório amanheceu
Muito cabra embriagado.
O corpo de Zé Norato
Bem cedo foi sepultado.
E lá na casa do Almeida
Outro defunto é velado...

Sim, era o doutor Almeida
Gozando o sono da morte.
Pois teve a mesma sentença
Da dura 'lei do mais forte'.
Mandou matar Zé Norato
No fim teve a mesma sorte.

Cedinho, ao quebrar da barra,
Foi o doutor tocaiado
Pelo mesmo cabra a quem
Pagou dinheiro avultado.
Pelo seu próprio feitiço
Foi Almeida enfeitiçado!

Por essa morte seguida
Houve grande reboliço.
Indiferente, Sabino
Honrou mais um compromisso:
Madrugou, provando, assim,
Que não dormia em serviço.

E como um troféu macabro
Marca outra vez com o punhal,
Na coronha do seu rifle,
O tal risco habitual,
Prova de infalível mira,
Tiro certeiro e mortal!

Para Norato e Almeida
A questão foi decidida.
Os dois brigavam por terra,
Pra eles foi repartida
Nos sete palmos profundos
Da sepultura medida.

Essa era a realidade
Do sertão antigamente
Onde a justiça era 'olho
Por olho, dente por dente!'
O nosso mundo hoje em dia
Não é lá tão diferente...

O egoísmo do homem
Torna-lhe a razão insana.
E o poder do dinheiro
Nossa justiça profana.
Cada vez mais se degrada
O valor da vida humana!

Patativa do Assaré deixa o Nordeste em luto

Que dura realidade
A morte encheu-se de orgulho
Marcando o oito de julho
Como o dia da saudade
Aos noventa e três de idade
O poeta deixa a vida
Patativa, que na lida,
Foi guerreiro resoluto
O Nordeste está de luto
Por sua triste partida!

Alçou vôo o Patativa
Ficou o choroso o Nordeste
Foi para a corte celeste
N'angelical comitiva
Sua poesia viva
Jamais será esquecida
Na sua Assaré querida
Não há um só olho enxuto
O Nordeste está de luto
Por sua triste partida!

O defensor dos roceiros
Rompeu o sagrado véu
Foi recebido no céu
Na corte dos violeiros
Gonzaga e mil sanfoneiros
Vieram dar-lhe acolhida
Na terra a voz dolorida
De todo o povo eu escuto
O Nordeste está de luto
Por sua triste partida!

Adeus poeta do povo
'Inspiração Nordestina'
Com tua lira tão fina...
Quem nos cantará de novo?
No meu versejar promovo
(Co'a pena comprometida)
Eu quero uma estátua erguida
Desse poeta matuto
O Nordeste está de luto
Por sua triste partida!

Cessou toda melodia
Assaré emudeceu
O Patativa morreu
Abalou-se a poesia
A noite triste surgia
Com o manto da despedida
Curvou-se a musa sentida
Num silêncio absoluto
O Nordeste está de luto
Por sua triste partida!

Calou-se a voz maviosa
De nossa ave mais canora
Patativa foi embora
Pra mansão maravilhosa
Sua história grandiosa
Ficará enternecida
Sua viola pendida
Lembra o repentista arguto
O Nordeste está de luto
Por sua triste partida!

Foi sempre muito afinado
Seu canto, seu violão,
Versejou sobre o sertão
Com rima e verso aprumado
Por Deus lhe foi confiado
Um dom pra cantar a vida
Sua missão foi cumprida
Legou-nos seu contributo
O Nordeste está de luto
Por sua triste partida!

Nas asas da esperança
Ultrapassou a fronteira
Além-pátria brasileira
É estudado na França
Em Assaré, por lembrança,
Há uma casa erigida
No céu recebeu guarida
Descanso em absoluto
O Nordeste está de luto
Por sua triste partida!

Sinto uma lágrima cair
Em cima de minha arte
Não vejo em nenhuma parte
Mais "um verso se bulir"
Foi Deus quem quis se servir
Da poesia mais lida
Da voz que foi tão ouvida
Nem um som sequer escuto
O Nordeste está de luto
Por sua triste partida!

Ao saudoso menestrel
Patativa do Assaré
Rouxinol do Rinaré
Faz homenagem em cordel
Pela musa mais fiel
Minha mão foi conduzida
Com a face umedecida
Eis ao mestre o meu tributo
O Nordeste está de luto
Por sua triste partida!

A história dos martírios de uma mãe iraquiana. Conflito, drama e tragédia

1

A ganância é mãe da guerra.
O ódio é pai da maldade.
Da união desses dois
Nasceu a perversidade
Que, qual câncer, lentamente
Destrói a humanidade.

2

Os homens nunca perderam
Seus vis instintos brutais.
Por mais que se julguem cultos,
Sábios e racionais,
Muitas vezes são mais brutos
Do que certos animais.

3

Meu romance, como espelho,
Aqui reflete o real
Retrato de uma história,
De um drama sem igual…
Onde se vê a tragédia
Da guerra injusta e fatal.

4
Mostramos a tirania
Dos vilões intransigentes,
Que, com mentes de demônios
E corações de serpentes,
Para conquistarem reinos
Ceifam vidas inocentes!

5
Na antiga Mesopotâmia,
Numa longa trajetória,
Várias civilizações
Se sucederam na história,
Entre invasões e massacres
De 'loucos' buscando glória.

6
Mil novecentos e vinte
Da nossa era, afinal,
Ali, após a Primeira
Grande Guerra Mundial,
Naquele mesmo cenário,
Nasce o Iraque atual.

7
Várias formas de governo
Teve o citado país,
Que, por ser rico em petróleo
Transforma-se em chamariz.
E os poderosos da terra
Pisam seu povo infeliz.

8
Já em mil e novecentos
E setenta e nove, tem
Início um novo governo
Com o líder Saddam Hussein,
O qual governa o Iraque
Da forma que lhe convém...

9
Leitores, interrompendo,
Peço licença a vocês
Pra prosseguir essa história
Do ano dois mil e três,
Seguindo as marcas de sangue
Nos rastros que a guerra fez!

10
Na capital, Bagdá,
Atualmente reside
Uma mulher já idosa,
A viúva Sulaíd,
Mãe de três filhos, que eram
Rachid, Abul e Saíd.

11
Sulaíd é muçulmana
Do segmento sunita.
Adora Alá, o seu Deus,
Em Maomé acredita
E no Alcorão Sagrado
Como escritura bendita.

12
Porém, vive um triste drama
Essa mãe iraquiana...
A história dos martírios
Dessa mulher muçulmana
É exemplo dos horrores
Que causa a guerra tirana.

13
Pelos soldados ianques
Foi o Iraque atacado.
Entre gritos pavorosos
Do povo bombardeado,
Sulaíd perde um filho,
Outro fica mutilado.

14
As asas negras da morte
Cobrem todos os espaços.
Um míssil, atingindo Abul,
Desfaz seu corpo em pedaços.
Saíd, o filho caçula,
Perde uma perna e os braços.

15
Entre desmaios, Saíd
Foi levado ao hospital
Por Sulaíd, chorando,
Em angústia maternal,
Consumida de tristeza
Pela tragédia fatal!

16
Sulaíd grita, aos prantos,
Vendo o filho ensangüentado:
– Oh Alá! Por quê, Alá,
O teu povo é massacrado?
Por que esse amargo luto
Tem sempre me acompanhado?

17
Por quê, Alá, tanta dor,
Tanto clamor e gemido?
Por que nações infiéis
Têm nosso povo abatido?
Perdi Abul, e Saíd
Foi mortalmente ferido

18
Uma repórter que ouvia
Toda essa lamentação,
Comovida, se aproxima,
E registra a aflição
De Sulaíd e seu filho
Naquela situação.

19
Em soluços, Sulaíd,
Para a jornalista diz:
– Conte ao mundo minha dor
E o que viu em meu país.
Ouça e transmita em detalhes
A minha história infeliz.

20

Desde criança, persegue-me,
A fria calamidade.
Perdi meus pais muito cedo,
Amargando a orfandade.
Fui morar com meus parentes
Aos cinco anos de idade.

21

Por Sadifa, minha tia,
E por meu tio Abdal
Fui criada e instruída,
Com cuidado especial,
Nas regras do Alcorão,
Na tradição ancestral.

22

Muito cedo o meu destino
Foi, pelos meus, decidido:
Chegando a idade certa,
Pra desposar-me, um marido.
Então me casei com quem
Meu tio tinha escolhido.

23

O homem com quem casei
Chamava-se Ali-Mazen.
Era bom e amoroso
Passei a lhe querer bem.
Fui-lhe esposa submissa
Como às mulheres convém.

24
Tivemos três filhos homens
(Nossos queridos rebentos):
Rachid, Abul e Saíd.
Com eles, raros momentos
De terna felicidade
Entre os anos noventos.

25
Porém, de uns tempos pra cá
O horror, infelizmente,
Apavora, fere e mata
Nesse conflito crescente,
Às vezes penso que Alá
Abandonou minha gente!

26
Já faz uns vinte e três anos
Que o presidente Saddam,
Numa guerra fratricida,
Lutando contra o Irã,
Quase arrasava o Iraque
E aquela nação irmã.

27
Assim, em seu louco afã,
O líder Saddam Hussein
Massacrou seu próprio povo.
Com tristeza, lembro bem
Como morreu em combate
Meu esposo Ali-Mazen…

28
Em oito anos de guerra,
Sem vencedor nem vencido,
Morrem setecentos mil
Num conflito sem sentido.
Entre os trezentos mil nossos
Morreu também meu marido!

29
Quando Ali saiu de casa,
O vi pela última vez.
Seu corpo, num bombardeio,
Em pedaços se desfez.
Seus filhos ficaram órfãos
E eu chorando a viuvez.

30
Pude prever meu futuro
Tingido de negras cores.
E ao ver, no passar dos anos,
Aumentar meus dissabores,
Percebi que essa tragédia
Era o princípio das dores.

31
Em seguida Sulaíd
Calou-se por um momento.
Sentindo-se sufocada
Por doloroso tormento,
Seus olhos derramam lágrimas
No mar do seu sofrimento!

32
A custo, em tom de pesar,
Balbuciou Sulaíd:
– Moça, há mais um episódio
Que ao meu coração agride:
Falo da guerra na qual
Perdi meu filho Rachid.

33
Depois da guerra no Irã,
Demora apenas dois anos
Pra mais um grande holocausto,
Onde os governos tiranos
Sacrificaram mais vidas
Por ambiciosos planos...

34
Pelo petróleo, a maior
Riqueza que move o mundo,
Matam na Guerra do Golfo,
Sem hesitar um segundo.
Sepultam vidas e sonhos
No abismo mais profundo.

35
Pra invasão do Kuwait
Rachid foi convocado.
Na disputa do petróleo
Lutava como soldado,
Até o dia em que foi
O Iraque derrotado.

36
Reprovado pela ONU,
Saddam não se intimidou.
Como província do Iraque
O Kuwait anexou.
Com essa ação imprudente
Um 'formigueiro' assanhou.

37
Saddam Hussein não cedeu
À voz da diplomacia
Então um grande massacre
Sem demora se inicia.
E entre muitos soldados
Meu filho também morria.

38
Foi na tal 'Operação
Tempestade no deserto'
Aos dezesseis de janeiro
De noventa e um, por certo,
Quando meu filho morreu
Saddam não estava perto.

39
Era o meu filho mais velho.
Perdi, não o verei mais!
Ó moça, quem é pior?
É Saddam ou seus rivais?
Quantos foram massacrados
Por seus loucos ideais?!

40
Aonde andará a paz
Que tanto espero e não vem?
Por certo ela não virá
Do tal do "Eixo do Bem",
Nas garras da "Águia Negra",
Rival de Saddam Hussein!

41
Meu esposo e filhos mortos,
Que nunca mais irei vê-los,
São exemplos dos motivos
Dos lamentosos apelos
De milhares de outras mães
Que sofrem tais pesadelos!

42
Após a Guerra do Golfo
O terror tem prosseguido:
Com malformações congênitas
Nossos filhos têm nascido,
Pelos cruéis bombardeios
Com urânio empobrecido.

43
Muitos nascem sem cabeça,
Com as vísceras para fora,
Outros, sem olhos, sem braços...
E o mundo todo ignora
Este fantasma macabro
Que ao nosso povo apavora.

44
Agora os americanos
Invadiram Bagdá.
Saddam Hussein evadiu-se
E todo o meu povo está
Entregue aos seus inimigos,
Sem a proteção de Alá.

45
Moça, conte para o mundo
O quanto tenho sofrido.
Minha vida é um martírio.
O meu canto é só gemido.
E neste vale de dores
Meu viver não tem sentido.

46
Por Ali e por Rachid
Muito já tenho chorado.
Passaram-se doze anos
E a desgraça é meu legado:
Nessa guerra morre Abul,
Saíd está nesse estado.

47
Seu filho naquele instante
Sofria uma hemorragia,
Nada podendo fazer
O médico que o assistia.
Sob constantes desmaios
Saíd desfalecia.

48
Sulaíd que já vinha
Lamentando o tempo inteiro,
Vendo o filho agonizante,
Foi ao seu leito ligeiro
E abraçou-se a Saíd
No momento derradeiro.

49
A pobre mãe exclamava:
— Oh! Alá, que triste sorte!
Entre gemidos, Saíd
Disse: — Mamãe, seja forte!
E no momento seguinte
Rendeu-se aos braços da morte.

50
Sulaíd não suporta:
Ao seu limite chegou,
Gritando: — Nada mais tenho!
A minha vida acabou!
Até mesmo a jornalista
Nesse momento chorou.

51
Olhando seu filho morto
No ensangüentado leito,
Sulaíd chora e grita,
Batendo forte no peito:
— Acabou, tudo acabou!...
Repete: — Não tem mais jeito...

52
Já muito emocionada,
A jornalista estrangeira
Disse para Sulaíd:
— Sua história por inteiro
Divulgarei como exemplo
Para a nação brasileira.

53
Porém mais nada entendia
Sulaíd, a essa altura.
Pra completar sua sina,
Sua negra desventura,
Entrou instantaneamente
Num estágio de loucura.

54
Semanas depois que tinha
Sulaíd enlouquecido,
Seu povo às forças ianques
Era então submetido,
Pois o solo iraquiano
Foi totalmente invadido.

55
Nas ruas de Bagdá
Uma mulher já idosa
Perambula a noite toda,
E com voz melodiosa
Acorda o povo cantando
Uma canção pesarosa...

56
É Sulaíd, a viúva,
A quem a dor fez demente,
Que traz imagens gravadas
No seu subconsciente
E expressa em forma de canto
Como segue, tristemente.

57
"Nesta terra, onde existiu
O belo Jardim Sagrado,
Dos rios jorravam bênçãos,
Hoje tudo está mudado,
Tornou-se covil de feras
Dum povo amaldiçoado.

58
O rio Eufrates mudou
O seu aspecto e beleza.
Não há mais vida nas margens,
Abalou-se a natureza
Pelas ações dos tiranos.
Alá, Alá, que tristeza!

59
O rio Tigre turvou-se
(Cor avermelhada encerra)
Pelo sangue dos soldados
Que jorra na nossa terra
E o pranto das mães que um dia
Perderam filhos na guerra".

60
Assim segue Sulaíd
Cumprindo uma triste sina
Na 'via crúcis' que o mundo
Impôs-lhe desde menina.
O seu final triste foi
Fruto da guerra assassina!

61
Que Alá traga socorro
Para o povo iraquiano,
Hoje livre de Saddam,
O presidente tirano,
Mas oprimido nas garras
Do governo americano.

62
Meu poema é ficção,
Porém com base real.
Cada data que citei
Na História está igual.
Inventei parte da trama
E a personagem central.

63
Sobre as demais personagens
Quero ao leitor dar ciência:
Tirando Saddam Hussein,
O monstro sem consciência,
Os outros, caso existirem,
É mera coincidência.

64
Enfim, 'nem tudo são flores',
Um sábio ditado diz.
Mostrei da vida os espinhos
Nesse romance que fiz...
Desculpem se Sulaíd
Não teve um final feliz!

**Violação,
a trágica história de Renato e Maria!**

O homem na vida sonha,
Faz planos, mas na verdade,
O desfecho do destino
Só pertence à Divindade.
Sem ao menos pressentir
Qualquer um pode cair
Na cruel fatalidade!

A musa que me inspirou
Me traçou metas e planos
Para eu falar de amor,
Sofrimento e desenganos,
Da crua realidade,
Da vil bestialidade
De alguns seres humanos!

Esta história nos revela
A ante-sala do inferno
Li de Rodolfo Teófilo
Depois transpus ao caderno
Adaptando em meus versos
Quero mostrar que os perversos
Marcham pro castigo eterno.

Pleno século dezenove
Num vilarejo que havia
No litoral cearense
Houve grande epidemia.
O cólera-morbo, maldito,
Feito às pragas do Egito,
Muitas vidas destruía...

Das mais humildes choupanas
(Dos pobres e desvalidos)
Às casas dos abastados
Ouviam-se os alaridos.
Pelo mal dilacerados
Clamavam os pesteados
Em pavorosos gemidos!

Cada partícula de átomo
Tinha o vírus da miséria
Que abatia o espírito,
Putrificava a matéria.
Num triste vale de dores
A morte causava horrores
Impiedosa e funérea.

Parecia que o Juízo
Final na terra chegava
Com o açoite da desgraça.
Um único ser não poupava.
Na seca, a chibata come.
Quem não morria de fome
Da peste não escapava.

Deixo em suspense este drama
Para falar de um casal
De noivos, que se amavam
Naquela época fatal...
Pois têm Renato e Maria,
No palco dessa agonia,
Minha atenção principal.

Ele, jovem promissor,
Com vinte anos de idade.
Já ela, com quinze anos,
No verdor da mocidade.
Cheios de contentamento
A data do casamento
Marcaram com brevidade.

Renato era um estudante
Terceiranista em direito.
Passava as férias com a mãe
Na vila, bem satisfeito.
Gozava o amor de Maria
Planos brilhantes fazia
Para um futuro perfeito.

Maria tão linda e meiga,
Virgem qual uma flor pura,
Sonhava com casa e filhos
De tudo estava segura.
Não via, nos seus conceitos,
Seus lindos sonhos desfeitos
Pela fria sepultura!

Mas o destino o logrou
Trazendo grande aflição.
O mal cravou-lhe uma espada
No centro do coração.
Porém o amor é forte,
Iguala-se mesmo à morte,
Já dizia Salomão…

Chegou a peste terrível
Aumentando todo dia
O número de flagelados.
Também o óbito crescia.
Do sertão à capital
O contágio era geral
Da cruel epidemia.

O vírus devastador
Multiplica a mortandade
Abatendo o único médico
E o padre, sem piedade.
O mal, de forma mesquinha,
Provava que ninguém tinha
Invulnerabilidade.

Renato pedia à mãe
Pra mudarem de morada.
Sua mãe, uma viúva
Carola e obstinada,
Dizia: – Isso é maldição
De Deus, como punição,
Pra nossa raça culpada.

Contrariando Renato
Na vila ela permanece
À espera do castigo
Para Deus fazendo prece.
O vírus a acometeu,
Logo em seguida morreu
(Também Renato adoece).

Nos lares do vilarejo
A peste assassina avança
Matando mulher e homem
(Do velho à tenra criança).
De defesa desprovidos,
Do vírus acometidos,
Morriam sem esperança.

O bacilo desse mal
Propagava-se no vento.
Uns faleciam na hora,
Outros num suplício lento.
Mais de setenta por dia,
Que nem lugar mais havia
Pra tanto sepultamento!

Sob o céu dum azul-claro
(A tétrica devastação)
O sol qual fogo queimando
Transforma o solo em torrão
Treme o coração mais duro
Vendo a tulha, no monturo,
De tantos corpos no chão!

Neste cenário de horror,
Com a alma apreensiva,
Renato num leito jaz
Sem muita perspectiva...
Do seu futuro de sonho
Resta-lhe o vírus, medonho,
Comendo-lhe a carne viva.

Primeiro sentindo náuseas,
Depois o vômito constante.
Diarréia interminável,
Uma dor dilacerante;
Em poucas horas somente
Criou feições, de repente,
D'um cadáver horripilante.

Renato diz: — É chegada
Minha hora derradeira!
Seu corpo perdia líquido
D'uma espantosa maneira.
Suas carnes se acabavam,
Só pele e ossos restavam,
Parecia uma caveira.

Pensava ele: — Meu Deus
Ó que sina desgraçada!
A morte me leva aos poucos
(Não que eu tema a malvada);
A minha dor mais sentida
É separar-me, na vida,
Pra sempre de minha amada!

Maria, qual enfermeira,
Postou-se junto ao amado.
Com muita abnegação
Lhe dispensava cuidado;
Limpando-lhe os dejetos
E cobrindo-o de afetos
Pra vê-lo recuperado.

Queimando-lhe as entranhas
Forte febre o atacou.
Sentindo tremenda sede
Sua garganta secou.
Beber água não podia
Pois o médico proibia,
Maria lhe revelou.

Renato pede a Maria
Em um tom desesperado:
— Me traz uma gota d'água,
No teu dedo delicado,
Para molhar minha língua.
Não deixe morrer à míngua
Esse pobre desgraçado!

Temendo fazer-lhe mal
Maria com muito zelo
Diz: — Renato meu amor
Como é que posso atendê-lo?
Na cabeceira do leito
Do amado insatisfeito
Vive um cruel pesadelo!

A moça, na pouca idade,
Sofria um drama de horror
Com o padecer do amado
Naquele leito de dor
Que insiste e causa dó:
– Querida, uma gota só,
Por tudo, por nosso amor!

Maria chora ao seu lado,
Cheia de constrangimento.
Uma gota do seu pranto
Cai nos lábios do sedento;
Degustando a lágrima morna
Um vago brilho retorna
Aos olhos do pestilento!

Renato por um momento
Sente um frescor na garganta.
Como um deserto de areia
A sua sede era tanta.
Com sua língua estirada
Implora a lágrima salgada
Daqueles olhos de santa!

Percebendo aquela cena
A jovem fica abalada.
Comovida ela se afasta
Chorando preocupada.
Sentindo a vida estar pouca
Renato, com a voz rouca,
Dá adeus a sua amada.

Com a vida por um fio
Sente o corpo em languidez;
Mas tinha o espírito e mente
Em perfeita lucidez.
Algo resistia ao mal...
Força sobrenatural?!
Pensou Renato: – Talvez!

Agrava-se o estado físico,
Com dor e câimbra constante,
Seu corpo se tornou rígido.
No peito, naquele instante,
Sentindo um espasmo atroz
Quis gritar, perdeu a voz
Num sufoco angustiante!

Perdeu Renato os sentidos,
Passou horas inativo.
Já o velavam na casa
Quando acorda apreensivo.
Ficou de alma abatida
Pois constatou, em seguida,
Seria enterrado vivo!

Sentiu grande desespero,
Uma sensação de horror.
Pensou na cova profunda
E no peso esmagador
Da terra o sufocando,
Com vermes o devorando;
Que suplício aterrador!

Jogam-no na padiola
Imóvel, hirto e gelado...
Marcharam pro cemitério;
Ele muito angustiado
Tentou mostrar que vivia
Mas nem um músculo mexia
Inerte, paralisado.

Eram seis horas da tarde,
Renato um choque sofreu.
Parando os carregadores
A padiola rangeu;
Sentiu pavor e arropio
Porque outro corpo frio
Jogaram em cima do seu!

Junto ao rosto do defunto
Ficou seu rosto colado.
Sentia repugnância
Daquele corpo gelado.
Renato em seu padecer
Nada podendo fazer
Ficava resignado.

Continua a padiola
Com seu ranger tedioso.
Vez por outra um solavanco,
No percurso doloroso.
Sentindo o peso do morto
Renato 'segue', absorto,
Para seu fim tenebroso.

A luz da lua ilumina
Aquele triste cenário;
Renato, nesse momento,
Sente um pesar mortuário:
O defunto que jazia
Junto dele era Maria
Pensou: — Meu Deus, que calvário!

Ao mal terrível, Maria
Teve pouca resistência.
Por cuidar de seu amado,
Sofreu dura conseqüência.
Foi pela peste abatida
Renato ao vê-la sem vida
Disso tomou consciência.

Sua morte fulminante
Conservou-lhe a formosura;
Renato sentiu-lhe as carnes
Firmes, cheio de amargura,
Em seu derradeiro abraço
Antes do último regaço
No sono da sepultura!

Não dá para descrever
A dor que Renato sente.
Diante de tal tragédia
Se abala qualquer vivente.
Sem esboçar reação,
No íntimo do coração,
Chora copiosamente!

Ó Deus (clamava Renato,
Na mente, orando contrito),
Será que ante aos teus olhos
Eu sou um ente maldito?
Se não, eu quero saber,
Por que tanto padecer
Sem teu amparo infinito?

Pior que as dores de Jó
São as minhas aflições.
Ó Deus, nesta amarga taça,
Se esvaem minhas ilusões.
Vejo tudo se acabar
Como o triste desfilar
Das minhas recordações!

Senhor Deus, eu sei que resta
Bem pouco de minha vida.
Não tenho mais esperança,
A morte é minha saída.
Alivia o meu penar
Pra que eu possa descansar
Com minha noiva querida.

Bruscamente interrompido
Renato em sua oração
Sente o baque do seu corpo
Sendo jogado no chão.
Ele e sua noiva, juntos,
Numa tulha de defuntos...
Crescia sua aflição.

Renato em seu infortúnio
Com Maria inda se importa.
E pensava ele: – Será
Que ela está mesmo morta?
Logo um fato inusitado
Deixa-o por demais chocado,
Ele quase não suporta!...

Um dos tais carregadores,
Indo ao corpo de Maria,
Retira brincos, anéis
E a aliança que havia
Renato presenteado
Como símbolo do noivado
Tão apaixonado, um dia.

Sentados entre os defuntos
Os dois a tagarelar;
Um deles saca um baralho
Logo começam a jogar.
Renato então refletia:
— São as jóias de Maria
Que estão a disputar.

Porém Renato abalado
Constata a dura surpresa.
Pois numa ação bestial,
Com desumana crueza,
Um deles praticaria
Atos de necrofilia
Com sua amada indefesa…

Ali, a donzela morta,
Pelo monstro é deflorada!
Renato inerte sentia
Sua alma traspassada
Ante a animalidade
Sofre em sua nulidade
Vendo a virgem violada!

Ante tal bruteza humana
Renato não mais suporta
Feito uma espada, a angústia
A sua lucidez corta.
Desmaia, então, de pavor
Vendo outro carregador
Abusar da moça morta.

Sem temer nem mesmo a peste
O segundo continua
Profanando a virgem morta,
Deixando-a seminua.
Renato jaz desmaiado…
O fim do drama citado
Só testemunhou a lua.

Renato, que a noite inteira
Permanece inconsciente,
Desperta pela manhã
Exposto ao sol já bem quente.
Lembrando tudo, tristonho,
Pensou: – Tudo foi um sonho,
Não pode ser diferente!

E como que renascido
(Como o próprio nome diz)
Consegue mover-se, aos poucos,
Porém se sente infeliz
Ao ver a sua querida
Violentada e sem vida.
E mil vezes se maldiz!

Com esforço sobre-humano
Consegue se levantar.
Mas Renato não tem forças
Pra Maria sepultar.
Com as próprias vestes dela
Cobre a nudez da donzela
Pra depois se retirar...

Porém bem próximo dali
Jazem dois corpos no chão.
São os tais carregadores,
Que após a violação,
Pela peste, fulminados,
Recebem os celerados
O prêmio da maldição!

Renato observa os dois
Sentindo-se enojado.
Sofrendo a dor da revolta,
Pelo ódio traspassado,
Um a um pisou no rosto.
Não aplacou seu desgosto
Porém se sentiu vingado.

Renato, cambaleante,
Chorando a amarga sorte,
Pouco a pouco se afastou
Daquele campo de morte.
Afogou-se em amargura
Pois tamanha desventura
Não há um ser que suporte!

Renato, precocemente,
Retraído, envelheceu.
Intimamente abatido
Não mais amou, não 'viveu'...
A história foi passada
Rodolfo a fez registrada*
É este um resgate meu!!!

---

*Adaptado da novela *Violação*, de Rodolfo Teófilo.

Rodolfo Teófilo
varão benemérito da pátria
(O fundador de Pajuçara)

Peço a Deus, Pai Infinito,
Arquiteto do Universo,
Que na fonte criadora
Possa me manter imerso
Pois me sinto no dever
De um grande herói descrever
Do primeiro ao último verso.

Rodolfo fora o inverso
De muitos homens da história
Benfeitor da humanidade
Não buscava a própria glória
O povo por quem sofreu
Até hoje não ergueu
Um marco em sua memória.

Na luta alcançou vitória
Enxugando o pranto alheio
Como um grande benemérito
Mostrou Rodolfo a que veio
Contra o poder e a peste
Foi combatente inconteste
Lutou sem trégua ou receio!

Faz quase um século e meio
Que nasceu esse varão
Rodolfo Marcos Teófilo
De quem se diz com razão
Que foi figura excelente
Baiano por acidente
Cearense de coração.

Contra a vil escravidão
Foi guerreiro de verdade
Dia dois de fevereiro
Lembra essa realidade
Por seu empenho sem par
Pacatuba viu raiar
A manhã da liberdade.

Exemplo de piedade
Aos miseráveis da terra
Sanitarista incansável
Teófilo, esse nome encerra
O título 'Amigo de Deus'.
Quem esquece os feitos seus
É injusto, muito erra.

Rodolfo declarou guerra
Contra a varíola assassina
Muitas vidas foram salvas
Graças a sua vacina
Mas hoje se nega o mérito
Desse herói benemérito
Nesta terra alencarina.

Rodolfo teve por sina
Enfrentar grandes tormentos
No mar da miséria humana
Surgem espectros violentos:
Seca, varíola e pobreza
Unidas em Fortaleza
Aos políticos nojentos.

No ano mil e oitocentos
E setenta e sete, o fado,
Rodolfo enfrentou a seca
Que assolou nosso Estado
Vendo o povo em sofrimento
Na falta do alimento
Pela fome molestado.

Não houvera um só roçado
Que conseguisse viver
Porque o solo escaldado
Fez o legume morrer
O povo fôra enxotado
Pela fome massacrado
Fugiu pra sobreviver.

Começaram a aparecer
Milhares de retirantes
Rasgados e esqueléticos
Fracos e cambaleantes
Que pela necessidade
Derramaram de saudade
Lágrimas angustiantes.

Mas aqui vivem gigantes
Chamados de salvadores
Que se dedicam ao povo
Demonstrando seus valores
Quando o governo é tirano
Há sempre um herói humano
Socorrendo os sofredores.

Assim um destes senhores
Ajudou a muita gente
Retirantes do sertão
Com família ou indigente
Era Rodolfo seu nome
Tinha 'Deus' no sobrenome
Um homem benevolente.

O seu gesto era decente
Ajudou a humanidade
Ao povo dando remédio
E curando enfermidade
Mostrou naquele momento
Grande compadecimento
Com infinita bondade.

Naquela calamidade
As mortes eram constantes
Pois os recursos da corte
Eram insignificantes
Só mesmo a fraternidade
Com a solidariedade
Salvaria os retirantes.

Momentos angustiantes
Que a história documenta
Pessoas morrendo à míngua
Estirando a mão sedenta
Período de sofrimento
De miséria e de tormento
Na morte, de forma lenta.

Muita gente ainda comenta
Da escassez de alimentos
Que ouviram da história
Ou leram em documentos
Muitas pessoas morreram
E outras tantas sofreram
Por falta de suprimentos.

No ano mil e oitocentos
E setenta e oito, vem
Grande surto de varíola
Que não poupava ninguém
Tal praga devastadora
Doença avassaladora
Que a muitos matou também.

Teófilo achou por bem
Continuar na labuta
Buscando na medicina
Numa verdadeira luta
Num gesto de altruísmo
Mostrando companheirismo
D'uma forma resoluta.

Sua excelente conduta
Não há quem possa negar
Passava dias e noites
Nos livros a pesquisar
Tentando encontrar a cura
Para acabar com a tortura
E o vírus exterminar.

Não cessou de procurar
Com muita dedicação
Pois a vacina ideal
Na sua concepção
Teria que ser 'in loco'
Para acabar com o foco
Que destruía o povão.

Com sua obstinação
De tornar realidade
O sonho de fabricar
Vacina com validade
Logo se concretizou
Rodolfo a todos provou
Sua genialidade.

Muitas vidas na verdade
Escapam da morte fria
Graças a Rodolfo Teófilo
Seu empenho e ousadia
Mas o governo do Estado
Acioly, enciumado
Ainda lhe perseguia.

Foi pela filantropia
Rodolfo condecorado
Da seca, fome e varíola
Foi o vírus derrotado
Salvar vidas foi seu lema
A denúncia foi seu tema
Pelo descaso do Estado.

Hoje ainda é desprezado
Pelos políticos de então
O que restou de herança
Do mais ilustre varão
Mas a SOPOEMA* cobra
Que se restaure o que sobra
Da injusta destruição!

Jaz pela demolição
A 'Parada da Vacina'
Sob a insensatez pública
E a picareta assassina
Sob a cultura do atraso
Na Pajuçara o descaso
Deixa outra casa em ruína.

Nessa casa a cajuína
O Rodolfo fabricara
'Vinho seco de caju'
Seu invento batizara
'Néctar de caju' depois
Mas por imitarem os dois
Por *Cajuína* ficara.

---

*SOPOEMA – Sociedade dos Poetas e Escritores de Maracanaú (CE).

Nas terras de Pajuçara
Praticou muitas ações
Fundou a primeira escola
Capela, em reuniões
Essa alma humanitária
Fez até reforma agrária
Em pequenas proporções.

Entre as realizações
Rodolfo foi fundador
Dessa nossa Pajuçara
Pioneiro e benfeitor
Em ruínas, por lembrança,
Resta no 'Alto da Bonança'
Um triste grito de dor...

É a casa do escritor
Que nesse alto se avista
No abandono e descaso
Fala d'um ser altruísta
Pajuçara, tua história
Sepulta-se com a memória
Do poeta romancista.

Quem cala nada conquista
Nosso poema é um grito
Pra que se torne concreto
Tudo que já foi escrito
Sobre a tal restauração
Antes que a destruição
Cometa um grave delito!

O justiceiro do Norte

O homem valente e justo
Do berço já traz o tino
E tendo fibra e coragem
Traça seu próprio destino
Como se deu nas andanças
Do herói Pedro Justino.

Nessa história se vê
Ação, bravura e amor
Num chão injusto, sem lei,
Um jovem atirador
Tornou-se herói justiceiro
Destemido e vingador.

Fim do século dezenove
No Estado do Ceará
Viva Antonio Justino
No sertão de Quixadá
Numa fazenda que tinha
Praquelas bandas de lá.

A fazenda se chamava
Caiçara ou 'Caiçarinha'
Quando perdeu seu Antonio
A sua mulher Rosinha
Dedicara-se à fazenda
E aos dois filhos que tinha.

Pedro era o filho mais moço
Desse velho fazendeiro
Tinha somente um irmão
Que se chamava Cordeiro
Sendo Cordeiro casado,
Pedro Justino solteiro.

O velho Antonio Justino
Respeitado no lugar
Além dos dois filhos tinha
O seu vaqueiro exemplar
O qual ensinou ao jovem
Pedro Justino atirar.

O vaqueiro se chamava
Francisco José Prudente
Amigo e respeitador
Trabalhador competente
Mas pela sua coragem
Lhe chamavam Zé Valente.

O vaqueiro já contava
Cinqüenta anos de idade
E desde moço vivia
Naquela propriedade
Tornando-se de Justino
Um amigo de verdade.

Justino desde garoto
Era honrado e valoroso
Não tolerava injustiça
(Não era um rico orgulhoso)
Em defesa do mais fraco
Provava ser corajoso.

Nesse tempo no sertão
Reinava a lei do mais forte:
"Cangaceiros, coronéis,
Seca, fome, peste e morte".
Pedro Justino jamais
Comungava com tal sorte.

Zé Valente ensinou tudo
Ao seu amigo e patrão
Desde o manejo do laço
À pega do barbatão
E a ter rapidez do raio
Com um revólver na mão!

Pedro Justino tornou-se
Atirador de primeira
De rapidez invejável
Também de mira certeira
No laço pegava rês
Pelas patas, na carreira.

Montava um cavalo negro
Que chamava Furacão
Em tiro sobre cavalo
(Ou qualquer competição)
Justino tornou-se o rei
Dos vaqueiros do sertão.

Enquanto o pai de Justino
Com o seu irmão Cordeiro
Trabalhavam na fazenda
Justino era aventureiro
Viajava, muitas vezes,
Como almocreve, ou tropeiro.

Seu velho pai fazendeiro
Vivia bem sossegado
Do suor, do seu trabalho,
Via com gosto o legado
Fartura nas plantações
E na criação de gado.

Porém meu avô dizia
Quando me entendi por gente:
"Desde que o mundo é mundo
Do mal existe a semente
Nem todo 'home' é capaz
De viver honestamente!"

Enquanto alguns com suor
E esforço comem o pão
Outros são uns parasitas
Do sangue do seu irmão
Como os latifundiários,
Os coronéis do sertão.

Esses viviam explorando
Os seus próprios moradores
E quando eram vizinhos
De pequenos criadores
Com seus jagunços roubavam
Os frutos dos seus labores.

Mas voltemos a narrar
A história de Justino
Quis a casualidade
(Talvez o fatal destino)
Mudar toda a sua vida
De modo vil, repentino…

O velho Antonio Justino
Um dia foi procurado
Por um coronel vizinho
De nome João Furtado
E o mesmo trouxe a proposta
De comprar todo o seu gado.

— É um pequeno rebanho
(Seu Antonio assim falou)
Que após a última seca
Graças a Deus escapou
É dos meus filhos herança
Esse gado que restou.

Além do mais este ano
Também não choveu no chão
O sol inclemente queima
A terra vira torrão
Vou abater umas reses
Pra nossa alimentação.

Não pretendo me mudar
Desta humilde terrinha
Não quero vender o gado
Da Fazenda Caiçarinha;
Daqui só saio com a morte
Pra me juntar à Rosinha!

Fingindo-se satisfeito
Furtado se despedia
Porém era acostumado
A ter tudo que queria
Jurou que por bom ou mal
O gado dele seria.

Zé Valente certa vez
Saiu para campear
Pra Caiçarinha, o rebanho,
Trazendo para ferrar
A falta de algumas reses
Pôde o vaqueiro notar.

Chegando logo ele foi
Ao fazendeiro avisando:
— Patrão, cinco boas reses
Do rebanho estão faltando
Como não encontrei mortas
Alguém está lhe roubando.

Lamenta Antonio Justino
Fitando o céu diz assim:
— Oh! meu Deus, meu 'Padim Ciço',
Não basta esse tempo ruim?
Até parece que a sorte
Virou as costas pra mim!

Chega a noite e o fazendeiro
Não dormiu preocupado
Mais tarde a 'rasga mortalha'
Voava sobre o telhado
E o seu cantar agoureiro
Lhe deixou arrepiado.

Quando o dia amanheceu
Seu Antonio decidido
Foi ver o gado no pasto
E lá ficou escondido
Pensando: "Daqui só saio
Com o caso resolvido".

Após uma longa espera
No pino do meio-dia
Três jagunços bem armados
Chegavam na companhia
Do coronel João Furtado
Que ao gado se dirigia.

Por detrás d'uma imburana
Grita o fazendeiro então:
– Tô com o dedo no gatilho
Soltem as armas no chão
Ou vocês vão comer chumbo
Seu magote de ladrão!

Jogando-se dos cavalos
Ao chão, de maneira audaz,
O coronel e seus homens
Gritando por ferrabrás
Atiravam contra o velho
Com desespero voraz.

Por várias horas durou
O tiroteio infernal
Seu Antonio contra quatro
Nessa luta desigual
Ali sentiu que chegava
O seu momento final.

Um jagunço o surpreende
Ele abandona o abrigo
Atirando sem parar
Porém exposto ao perigo
Sente queimar em seu corpo
O chumbo do inimigo!

Nessa hora foi chegando
Seu vaqueiro Zé Valente
Atirando contra o grupo
Com sua mira excelente
Só o coronel fugiu
Do justiceiro inclemente.

Pega o vaqueiro, nos braços,
O seu patrão moribundo
O velho Antonio Justino
Solta um suspiro profundo
Num gesto de despedida
Dá adeus a este mundo.

Como num réquiem choroso
Cantou triste a juriti
E sobre um pau-branco seco
Que havia próximo dali
'Triste vida, triste vida!'...
Repetia o bem-te-vi.

Mugia o gado cheirando
O sangue do fazendeiro
Com o desespero dum homem
Que perde seu companheiro!
Tal cena muito abalou
Àquele fiel vaqueiro.

Chorava então Zé Valente
Sentindo-se indignado
Pensando em Pedro Justino
O qual tinha viajado
E voltando encontraria
O seu velho pai finado.

O vaqueiro Zé Valente
Triste pôs na montaria
O corpo do seu patrão
Seguindo pra moradia
Com grande aperto no peito
Igual a um filho sofria.

Ao chegar no grande alpendre
Da casa, foi avistando
Cordeiro com sua esposa
E Pedro vinha chegando,
Todos notando a desgraça
Choram de dor soluçando.

Zé Valente narra os fatos
Desde o roubo que se deu
Ao combate onde chegando
Aos jagunços abateu
E como ali, em seus braços,
Seu velho patrão morreu.

Pedro Justino falou:
– Eu hoje farei carniça!
Cordeiro, porém, pondera:
– Isso é caso da justiça.
Justino diz: – Meu revólver
Dita a lei e reza a missa!

"A justiça do sertão
É falha, mano Cordeiro,
Só favorece a quem tem
Anel, diploma e dinheiro;
Um coronel nunca perde
Para um simples fazendeiro".

Juntou, pois, Pedro Justino,
Punhal, rifle e munição
Ao seu lado Zé Valente
Diz de revólver na mão:
— Cadeia para coronel
São sete palmos de chão!

No cavalo Furacão
(Negro como a cor do luto)
O jovem Pedro Justino
Montou, partiu resoluto
Seguido por Zé Valente,
Seu amigo absoluto.

Ao chegarem na morada
Do coronel João Furtado
Já tinha vinte jagunços
E o coronel preparado
Gritou logo pra seus cabras:
— Quero ver fogo cerrado!

Mas Zé Valente e Justino
Sem medo e sem piedade
Abriram fogo primeiro
Depois com agilidade
Se abrigaram pra poder
Agir com mais liberdade.

D'uma pedra no terreiro
Eles fizeram trincheira
Eram só dois contra vinte
Mas tinham mira certeira
Os jagunços que sobraram
Fugiram em toda carreira.

O coronel ficou só
Sem saber o que fazer
Já baleado, sangrava,
Armado foi se esconder
Em casa, assim resolvido
A pele caro vender.

De fora gritou Justino
Sentindo um ódio mortal:
– Coronel, prove ser homem
Me enfrentando, afinal
Hoje te mato de bala
E sangro com meu punhal!

Um silêncio sepulcral
Da parte do coronel...
Depois surge no oitão
Da casa, igual cascavel,
E atira nos dois amigos
Num desespero cruel.

Zé Valente por instinto
Logo percebe o perigo
Pôs-se à frente de Justino
Pra proteger o amigo
Salvou Justino tombando
Morto pelo inimigo!

Pedro Justino surpreso
Cai no chão, por sua vez,
Atirando em João Furtado
Com incrível rapidez
Num último ato do drama
Sua justiça se fez.

Pra completar a vingança
O bandido ele sangrou.
– Isso é pelo Zé Valente
(Pedro Justino falou).
Pegando o corpo do amigo
Montado se retirou.

Justino não molestou
A família de Furtado
Na morte do coronel
Sangue com sangue é lavado
E da sede de justiça
Sentiu-se entao saciado.

Ao retornar à fazenda
Nosso herói com amargura
Chamou seu irmão Cordeiro
(Pois já era noite escura)
Para fazer o velório
O prévio da sepultura.

Logo no surgir d'aurora
Nosso herói insatisfeito
Sepulta seu velho pai
E seu amigo do peito
Jurando sobre seus túmulos
Defender sempre o direito.

Se dirigindo ao irmão
Disse-lhe: – Mano Cordeiro
A fazenda é toda sua
Só lhe peço algum dinheiro
Pois vou sair pelo mundo
Feito um louco aventureiro.

Vendo não poder mudar
De Justino o sentimento
Seu mano além de dinheiro
Fornece-lhe mantimento
Se abraçam e se despedem
Pra sempre, nesse momento.

Justino com seu chapéu
Deu adeus a seu irmão
Com um rifle, dois revólveres
E bastante munição
Montou, partindo veloz,
No cavalo Furacão!

Prevendo a perseguição
Por forças policiais
Astuto pensou Justino:
"Prudência nunca é demais".
Trilhou por um rio seco,
Num leito de pedregais.

Cruzou a seca caatinga
E foi sair bem distante
Passando por um caminho
Viu cena impressionante:
A triste marcha funérea
De um grupo retirante.

Era a 'seca dos dois zeros'
Que assolava o Estado
Fazendo o homem do campo
Emigrar desesperado
(Magro, com sede e com fome)
Pra não morrer acuado.

O sol qual olho de fogo
De um Deus que causa medo
Parece inclinar-se, em trégua,
Sumindo atrás dum rochedo.
Surge a noite com seu manto,
Trazendo calma e segredo...

Pedro Justino apeou-se
Pra repousar afinal.
Pegou a cabaça d'água
Bebeu, deu ao animal,
Comeu carne seca assada
Que trazia no bornal.

Procurou logo um abrigo
Decidido a pernoitar
E junto à Galinha Choca
(Grande rocha do lugar)
Dormiu numa velha gruta,
Nem viu o tempo passar.

O sol ressurgiu brilhante
Mais um dia amanheceu
Desperta o herói Justino
Refeito do sono seu
Para o açude do Cedro
Na mesma hora desceu.

Por conta da grande seca
Que assolava o sertão
O Cedro só tinha um pouco
De água no seu porão
No resto só muita lama
Seca, rachada no chão.

Cuidando pra não toldar
Justino enche a cabaça.
Com uma cuia banhou
O seu cavalo de raça
Planos pra longa viagem
Com todo cuidado traça.

Justino pensou: "Em breve
Dou adeus ao Quixadá
Irei transpor a fronteira
Do solo do Ceará
Chegando na Paraíba
Passarei uns tempos lá".

Enquanto ele assim pensava
De súbito se agachou
Para apanhar seu chapéu
Que o vento ali derrubou
O acaso, talvez a sorte,
Nesse ato lhe salvou.

Nas rochas ouve-se um eco
D'um tiro, nesse momento
Interrompe nosso herói
Bruscamente o pensamento
Pois uma chuva de balas
Sibila, cortando o vento.

Em um ágil movimento
Justino rola no chão
Num piscar de olhos estava
Com seu revólver na mão
Logo consegue abrigar-se
Numa boa posição.

Uns trinta metros à frente
Nosso herói pôde avistar
Três soldados e um sargento
Que lhe intimam a se entregar
Justino atira e responde:
— Moço, venha me pegar!

Recomeça o tiroteio
Justino fôra cercado
Mas cada tiro que dava
Caía morto um soldado
Conseguiu vencer os quatro
Porém saiu baleado.

No braço esquerdo atingido
Nessa luta desigual
Justino de sangue quente
Sem um gemido, afinal,
Extraiu do próprio braço
A bala com seu punhal.

Atou um pano à ferida
Pro sangue logo estancar
Com um pouco de esforço
Nosso herói pôde montar
No seu negro Furacão
Galopava sem parar.

Pensando em todos os fatos
No ocorrido recente
Lembrou a morte do pai
E também do Zé Valente
Tudo deixava Justino
Impressionadamente!

Após cavalgar dois dias
Em carreira desmedida
Pedro Justino ficou
Com aparência abatida
Seu corpo queimava em febre
No braço ardia a ferida.

Logo perdeu os sentidos
Tornou-se um farrapo humano
Não viu o tempo passar
Porém concluiu seu plano
Chegava, embora doente,
Em solo paraibano!

Desmaiado em seu cavalo
Único e fiel companheiro
Já quase à beira da morte
Nosso jovem cavaleiro
Foi achado e socorrido
Por um bravo cangaceiro.

O mesmo era um justiceiro
Que ao cangaço abraçou
Porque mataram seu pai
Ele vingança jurou
Heróico chefe de bando
Respeitado se tornou...

No acampamento do bando
Despertou Pedro Justino
Logo pergunta: — Onde estou?
Alguém diz: — Pelo destino
Tu és hóspede no grupo
Do grande Antonio Silvino!

Quando obteve melhora
Foi Justino interrogado
A sua história deixou
Silvino impressionado
Pra fazer parte do bando
Nosso herói foi convidado.

Justino diz: — Sou honrado
Estou à disposição
Por tudo que me fizeste
Tens a minha gratidão.
Ali Antonio Silvino
Com força apertou-lhe a mão.

Justino esteve alguns anos
A serviço do cangaço
Tinha seu código de honra
Ao desferir um balaço;
Nunca um cidadão honesto
Feriu na ponta do aço!

Andou por todo o Nordeste
O bravo Pedro Justino
Depois deixou o cangaço
Se despediu de Silvino
Dizendo: — Irei ao Pará
Seguir um novo destino.

Do Pará o nosso herói
Traçou um outro roteiro
Viajou pro Amazonas
(Como sempre aventureiro)
Foi para dentro da mata
Num grupo de seringueiros.

Na Região Amazônica
Justino tentou a sorte
Por seu senso de justiça
E por destemor da morte
Mais tarde tornou-se um mito:
"O Justiceiro do Norte!"

Justino maravilhou-se
Ao chegar na região
Fartura de água e matas
Num verde sem descrição
Pensou na seca e na fome
Do seu saudoso torrão.

Fazendo a comparação
Justino consigo diz:
— Com tanta vida e beleza
Quem vive aqui é feliz
Parece até que o Nordeste
Faz parte de outro país.

Mas vamos deixar Justino
Apenas por um momento
Com suas reflexões
Montando o acampamento
Para que de outro povo
Tomemos conhecimento...

No coração da floresta
Não muito longe dali
Situavam-se as cabanas
D'uma aldeia waimiri
Dos índios remanescentes
Da grande nação tupi.

Sendo verdadeiros donos
Dessa natural riqueza
Os nativos desfrutavam
Dela, com toda certeza,
Sem causar desequilíbrio
E agressão à natureza.

Mas além dos seringueiros
Um grupo de caçadores
Montou acampamento
Na mata, causando horrores,
Tornando-se dos nativos
Ferrenhos perseguidores,

Procura o homem minério
Nos rios, pelas florestas
Caçando animais silvestres
E numa macabra festa
Persegue o índio e destrói
A pouca mata que resta!

Vamos ver Pedro Justino
Que estava impressionado
Com todas as novidades
Que viu nesse novo Estado
Mas após uma semana
Ficou decepcionado.

Pois vendo a exploração
Dos homens no seringal
E o lar do índio invadido
Pensa Justino afinal:
"Ninguém escapa à cruel
Injustiça social!"

Certo dia os caçadores
Trouxeram um índio cativo
Indignado Justino
Não pôde ficar passivo
À noite usando um disfarce
Foi libertar o nativo.

Pôs no rosto um lenço preto
De negro chegou trajado
No acampamento que tinha
Só um vigia acordado
Rendido por nosso herói
É preso e amordaçado.

O vigia resmungava
Mas não podia gritar;
Embora fosse Justino
Disposto a tudo enfrentar
O herói sem dar um tiro
Pôde o índio libertar.

Andando um pouco montaram
No possante Furacão
Sob uma chuva cerrada
E ao ribombar do trovão
Chegava o herói na aldeia
Causando grande impressão!

"É o filho de Tupã",
Comentava o feiticeiro.
A tribo mostra respeito
Diante do justiceiro
Enquanto o índio liberto
Agradece ao cavaleiro

O tal índio era um guerreiro
Muito querido no clã
Filho do chefe da tribo
E tinha uma única irmã
Tão bela quanto o seu nome:
"Tainá, ou Luz da Manhã".

Era a índia mais formosa
Da Terra do Guaraná
Que logo à primeira vista
O herói do Ceará
Sentiu seu coração preso
Aos encantos de Tainá!

Por precaução, na aldeia,
Justino não demorou
Com um gesto carinhoso
A Tainá cumprimentou
Empinando seu cavalo
Partiu como ali chegou...

Chega ao seu acampamento
Antes do raiar do dia
Nunca despertou suspeita
Na rotina prosseguia
Mas tendo necessidade
Sempre o disfarce vestia.

A sua lenda corria
Entre crédulos e ateus
Continuava em mistério
Os heróicos feitos seus
Para os brancos era um índio
Para os índios era um Deus!

Numa tarde em que Justino
Pela mata se embrenhara
Chegando ao Rio Amazonas
Jurou está vendo Iara
Mas era a índia Tainá
Com sua beleza rara.

Escondido entre as folhagens
Justino lhe admirava
Enquanto a linda Tainá
Toda nua se banhava
Mostrando seus belos seios
Sobre as águas flutuava.

Um caçador, de surpresa,
Do rio se aproximou
A bela "Luz da Manhã"
Muito assustada gritou
Nosso herói, pondo o disfarce,
P'ra lutar se preparou.

O homem saltando n'água
Da índia tenta abusar
Logo Justino aparece
Disposto pra lhe salvar
E o caçador enxerido
Quase morre de apanhar!

Após a dura lição
O homem foi desarmado
Quando Justino o soltou
Correu desmoralizado
Maldizendo a própria sina
Fugiu no mato fechado.

A índia invoca Tupã
Lhe agradecendo a sorte
Beijando o homem de preto
Tainá lhe abraçava forte
E ali feliz se entregou
Ao Justiceiro do Norte.

Brincam num igarapé
Que havia perto dali
Justino beija Tainá
Ela lhe abraça e sorri
Depois montados seguiram
Para a aldeia waimiri.

Uma cicatriz de bala
No seu braço Tainá viu
Quis descobrir o seu rosto
Nosso herói não permitiu
Deixando-a perto da aldeia
Galante se despediu.

Uns cinco meses depois
Cresceu a rivalidade
O branco fomenta a guerra
Agindo com crueldade
Atacando os waimiris
Houve grande mortandade.

Morreu o chefe da tribo
Seu filho assumiu o posto
Armou-se com seus guerreiros
Pra guerra, pintou o rosto,
E derramou muito sangue
Para aplacar seu desgosto.

Invadindo os seringais
Feito um louco justiceiro
Matou até inocentes
O jovem chefe guerreiro
Sem saber levou consigo
Justino prisioneiro.

Como oferenda a Tupã
Em um ritual sagrado
O herói Pedro Justino
Ia ser sacrificado
Porém pela cicatriz
Foi logo identificado...

Lembra o leitor o confronto
No açude de Quixadá?
Com seu braço baleado
Justino escapou de lá.
Salvou-lhe a vida esta marca
E o amor de Tainá.

Quando a índia descobriu
Para seu irmão falou
Ele, devendo a Justino
Bem depressa o libertou
Defendendo os waimiris
Nosso herói continuou.

Logo com Tainá casou
Porque era apaixonado
Entre os índios ele foi
Herói muito respeitado
O chamavam de 'Ave Negra'
Ou Guerreiro Mascarado.

Tainá, a Luz da Manhã,
Esperava um curumim
Grávida de cinco meses
Falou pra Justino assim:
— O nosso filho trará
Paz ao nosso povo enfim.

A esperança da paz
Nasceu em tempo de guerra
E logo um ano depois
O tempo que tudo encerra
Tragou Justino nas águas
Deixou seu filho na terra.

Talvez alguém no futuro
Fale sobre esse menino
Com sangue de índio e branco;
Quem sabe pois se o destino
Não faz dele um justiceiro
Como foi seu pai Justino?!

Nas águas do Amazonas
Um acidente ocorreu
Justino estava pescando
E ali desapareceu...
Até hoje não se sabe
Se está vivo ou morreu.

No Nordeste defendeu
Sua honra na fazenda
Serviu Antonio Silvino
Escapou da seca horrenda;
Naquelas águas profundas
Sumiu-se, tornou-se lenda!!!

Pajuçara, setembro de 2002.

Folhetos de Rouxinol do Rinaré

Andanças e aventuras do poeta Mário Gomes. Fortaleza, Tupynanquim Editora, 2001. Acervo do autor.

Antonio Conselheiro e a Guerra de Canudos (em parceria com Queiroz de França). Fortaleza, Tupynanquim Editora, 2002, Série Heróis e Mitos Brasileiros – vol. 3. Acervo do autor.

O artista da rima, homenagem póstuma ao poeta Severino Batista. Pajuçara (CE), edições A Porta, 2000. Acervo do autor.

A astúcia do jagunço Sabino, o pistoleiro que vingou sua própria vítima (baseado num conto de Ribamar Lopes). Fortaleza, Tupynanquim Editora, 2003. Acervo do autor.

As bravuras de Donnar, o matador de dragões. Fortaleza, Tupynanquim Editora, 2001. Acervo do autor.

O colar de pérolas e a lenda dos vaga-lumes (baseado num conto de Paiva Neves). Fortaleza, Tupynanquim Editora, 2001. Acervo do autor.

CPTM e Metrô: rapidez, segurança e qualidade de vida (1º lugar no I Concurso Paulista de Literatura de Cordel, em 2002). São Paulo, edição do Concurso, 2002. Acervo do autor.

Culto a Baco e orgia, a peleja de Rouxinol do Rinaré com o poeta Costa Senna. Pajuçara (CE), Philos Imprimatur Editora, 2002. Acervo do autor.

Dia nacional da família na escola. Pajuçara (CE), edição especial da Escola Sinfrônio Peixoto, 2001. Acervo do autor.

Dois meninos do sertão e o lobisomem fantasma. Fortaleza, Tupynanquim Editora, 2000. Acervo do autor.

O encontro de John Lennon com Raul Seixas no céu. Fortaleza, Tupynanquim Editora, 2001. Acervo do autor.

O folclore brasileiro. Fortaleza, Tupynanquim Editora, 2003. Acervo do autor. [outra edição: Informativo Sopoema, 2001].

O grande encontro de Camões com Salomão (em parceria com Serra Azul). Fortaleza, Tupynanquim Editora, 2002. Acervo do autor.

A grande peleja virtual de Klévisson Viana e Rouxinol do Rinaré (em parceria com Klévisson Viana). Fortaleza, Tupynanquim Editora, 2003. Acervo do autor.

A história completa de Lampião e Maria Bonita (em parceria com Klévisson Viana), 4ª edição. Fortaleza, Tupynanquim Editora, 2003, Série Heróis e Mitos Brasileiros – vol. 1. Acervo do autor.

A história do filósofo Diógenes, o cínico (em parceria com Francisco Bento). Pajuçara (CE), edição independente, 2004. Acervo do autor.

A história do holandês que inventou a "Folkmídia" (em parceria com Klévisson Viana). Fortaleza, Tupynanquim Editora, 2004. Acervo do autor.

A história dos martírios de uma mãe iraquiana (2º lugar no II Concurso Paulista de Literatura de Cordel, em 2003). São Paulo, edição do Concurso, 2004. Acervo do autor.

IBGE – competência e credibilidade, por um país melhor e mais desenvolvido! Fortaleza, Tupynanquim Editora, 2003. Acervo do autor.

O justiceiro do Norte. Fortaleza, Tupynanquim Editora, 2002. Acervo do autor.

Manuel Gato, o velho que enganou a morte. Pajuçara (CE), Philos Imprimatur Editora, 2004. Acervo do autor.

Patativa do Assaré deixa o Nordeste de luto. Fortaleza, Tupynanquim Editora, 2002. [outra edição: Coletânea Cordel canta Patativa, organizada por Gilmar de Carvalho, publicada pela Fundação Demócrito Rocha, 2002]. Acervo do autor.

Rachel de Queiroz – vida, obra e um adeus! Pajuçara (CE), edição independente, 2004. Acervo do autor.

Raul Seixas e Elvis Presley, o encontro de dois mitos. Fortaleza, Fã-Clube Raulzito Rock Clube, 2003. Acervo do autor.

Raul Seixas e a sociedade da grã-ordem kavernista. Fortaleza, Fã-Clube Raulzito Rock Clube, 2001. Acervo do autor.

Raul Seixas e Paulo Coelho buscando sonho e magia. Fortaleza, Fã-Clube Raulzito Rock Clube, 2004. Acervo do autor.

Rodolfo Teófilo, varão benemérito da pátria. Fortaleza, Tupynanquim Editora, 2002, Série Heróis e Mitos Brasileiros – vol. 6. Acervo do autor.

Salomão e Sulamita, o cântico sacro do amor. Pajuçara (CE), edição A Porta Cultural dos Aletófilos, 2000, tiragem limitada. Acervo do autor.

'São Paulo capital Nordeste' quatro anos de cultura popular (em parceria com Téo Azevedo e Klévisson Viana). Fortaleza, Tupynanquim Editora, 2002. Acervo do autor.

Sefaz – Ceará, o futuro é sol que brilha com as cores do vitral (em parceria com Klévisson Viana). Fortaleza, Tupynanquim Editora, 2002. Acervo do autor.

Os sertões de Conselheiro de Euclides a Gereba (em parceria com Klévisson Viana). São Paulo, Paulus Editora, 2002. Acervo do autor.

Seu Lunga, o rei do mau humor. Fortaleza, Tupynanquim Editora, 6ª edição, 2003. Acervo do autor.

O testamento do Judas (assinado com o pseudônimo Eranir, o poeta operário). Pajuçara (CE), edição independente, 2004. Acervo do autor.

O valentão Chico Tromba e suas perversidades. Fortaleza, Tupynanquim Editora, 2000. Acervo do autor.

Violação – a trágica história de Renato e Maria (adaptado d'uma novela de Rodolfo Teófilo). Fortaleza, Tupynanquim Editora, 2004. Acervo do autor.

Volumes já lançados da Biblioteca de cordel

Patativa do Assaré *por* Sylvie Debs
Cuíca de Santo Amaro *por* Mark Curran
Manoel Caboclo *por* Gilmar de Carvalho
Rodolfo Coelho Cavalcante *por* Eno Theodoro Wanke
Zé Vicente *por* Vicente Salles
João Martins de Athayde *por* Mário Souto Maior
Minelvino Francisco Silva *por* Edilene Matos
Expedito Sebastião da Silva *por* Martine Kunz
Severino José *por* Luiz de Assis Monteiro
Oliveira de Panelas *por* Maurice van Woensel
Zé Saldanha *por* Gutenberg Costa
Neco Martins por Gilmar de Carvalho
Raimundo Santa Helena *por* Braulio Tavares
Téo Azevedo *por* Sebastião Geraldo Breguez
Paulo Nunes Batista *por* Maria do Socorro Gomes Barbosa
Zé Melancia *por* Martine Kunz
Klévisson Viana *por* José Neumanne
Rouxinol do Rinaré *por* Ribamar Lopes
J. Borges *por* Jeová Franklin
Franklin Maxado *por* Antônio Amaury Corrêa de Araújo
José Soares *por* Mark Dineen
Francisco das Chagas Batista por Altimar de Alencar Pimentel

Adverte-se aos curiosos
que se imprimiu esta obra nas
oficinas da gráfica Vida e Consciência,
na cidade de São Paulo,
aos doze de abril do ano dois mil e sete,
composta em Walbaum de corpo onze ou doze,
em papel off-set noventa gramas,
com tiragem de dois mil exemplares.